コミュニケーションの教科書

HBR'S 10 MUST READS ON COMMUNICATION

ハーバード・ビジネス・レビュー
コミュニケーション
論文ベスト10

ハーバード・ビジネス・レビュー編集部＝編
DIAMOND ハーバード・ビジネス・レビュー編集部＝訳

ダイヤモンド社

HBR's 10 MUST READS ON COMMUNICATION
by Harvard Business Review

はじめに

どんな組織に属していようと、また、どんな職種で、どんな働き方であろうと、上司と部下、同僚同士の関係構築、取引先との折衝、顧客への対応など、あらゆる場面でビジネスにおけるコミュニケーション能力の重要性はますます高まっています。本書はコミュニケーションについて、行動科学や認知心理学を援用した説得のスキルから、効果的で共感を呼ぶプレゼンテーションやスピーチ、言いにくいことをいかに相手に伝えるかというハウツーまで、第一線の研究者や識者が書いた論文を集めています。

米国の名門経営大学院、ハーバード・ビジネス・スクールの教育理念に基づいて、一九二二年、マネジメント誌*Harvard Business Review*（HBR：ハーバード・ビジネス・レビュー）が創刊されました。同編集部とダイヤモンド社が提携し、日本語版『DIAMONDハーバード・ビジネス・レビュー』（DHBR）を一九七六年に創刊しました。以来、DHBRは、「優れたリーダー人材に貢献する」という編集方針の下、学術誌や学会誌のような難解さを排し、「実学」に資する論文を提供しています。ビジネスパーソンがマネジメント思想やスキルを独学したり、管理職研修や企業内大学、さらにビジネススクールで教材として利用されたりしています。

そのHBR誌の掲載論文から、HBR編集部が「コミュニケーションについて知っておくべき最低限のこと」として厳選した一〇本の論文を集めたものが、本書です（各論文執筆者の肩書きは基本的に、論文発表時のものです）。

第1章「話し方の力」は、表現方法などの「会話スタイル」次第で、伝わりやすさ、発言の採り上げられやすさ、伝達内容などが変わることを、さまざまな職場環境における実例を用いて、言語学的視点から説いています。万能の会話スタイルというものはありません。特にマネジャーは、会話スタイルではどういうことに注意しなければならないのかを知ることで、部下の力をより引き出すことができ、効果的にマネジメントを行えると説いています。

第2章「［意思決定者スタイル別］ビジネス説得術」は、一七〇〇人のマネジャーに対する調査をもとに、説得したいキーパーソンの意思決定スタイルをカリスマ、思索者、懐疑主義者、追随者、コントローラーに分けて、それぞれに対して具体例を示しながら、効果的なプレゼンテーションの仕方を指南します。意思決定スタイル別に分ける理由は、人が重大な判断を下す時には、その人の持つ本質的な意思決定スタイルに基づくからです。調査によると、マネジャーのうち懐疑主義者とコントローラータイプは二八％しかいないにもかかわらず、プレゼンテーションする側の八割がこの二タイプに適したプレゼンテーションを行っていました。タイプごとの法則をわきまえれば、もっと効果的なプレゼンテーションが可能になるはずです。

第3章「説得力の思考技術」は、上位のマネジャーなどに、現場の現状を説明して、新しい施策を打つことを決意させるといった際に必要な説得力の技術です。説得に有効なのは、もちろんゴリ押しや脅しではありません。信用を確立すること、相手と見解が一致するところに目標を設定すること、わかりやすい言葉と納得しやすい証拠を用いながら論拠を述べること、聞き手と感情的につながることという四つのステップです。ソフトウェアの「ユーザーフレンドリーなインターフェース」の必要性についてビル・ゲイツを説得した担当者のエピソードなどの実例から、それらのステップを細かく学ぶことができます。

第4章「沈黙が組織を殺す」は、誰もが人間関係を大切にし、論争に巻き込まれることを恐れ、上司や会社に目をつけられないように、課題や不満を口にせず、事なかれ主義に陥ってしまい、個人や組織の創造性や活力が削がれる問題を指摘します。上司に処遇の改善を求める、現場の問題を報告する、連帯するなど、沈黙を破って組織を活性化させる事例が紹介されます。

第5章「嘘偽りのないスピーチの秘訣」は、脳科学の知見を利用したスピーチの方法を解説します。完璧に準備して、うまくできたはずのスピーチやプレゼンテーションで、聴衆の心をつかめないのはなぜでしょうか。それは、人は話される内容と、表情やちょっとしたしぐさなどの「非言語コミュニケーション」が伝える情報が一致しない時に、強い違和感を覚えることと関係しています。ただし、脳の認知の仕組みを逆手に取り、説得力がある話し方をすることは可能です。その方法が開陳されます。

第6章「ストーリーテリングの力」では、説得力のあるプレゼンテーションや提案には、数字やデータの根拠だけでなく、「物語」が必要であることを説いています。前向きな物語と後ろ向きな物語を状況により使い分けることや、ディテールの程度、語り方の工夫などは目的に応じて異なります。行動を引き出す、みずからの人となりを伝える、価値観を伝える、コラボレーションを育む、噂を管理する、知識を共有する、人々を未来に導くといった、七つの目的別に細かいノウハウが解説されます。

第7章「共鳴の演出法」は、どのようにアイデアを売り込めば成功するのかを、ハリウッドに持ち込まれるシナリオの採否を決定するエンタテインメント業界幹部と、実際にシナリオを持ち込んだシナリオライターを六年間にわたり調査した結果に基づいて、プレゼンテーションを成功させる三つのタイプを解説したものです。人間は相手を◯・一五秒以内で分類して第一印象を持つので、そこで「独創的である」と判断されなければ、プレゼンテーションの内容で判断を覆すのは難しいと筆者は言います。興行主、アーティスト、初心者の三つのタイプが成功を収めやすいという結果が出ており、自分に近いアプローチ方法が具体的に描写されながら示されます。

第8章「明確なメッセージが人と組織を動かす」は、リーダーの「お客様第一で」「今期の重要課題に傾注しよう」といった抽象的で包括的な表現や、ビジョン、ロイヤルティ、顧客満足など、解釈に幅のある用語をリーダーが明確に定義しないまま使うことで、ディスコミュニケーションを招き、結局重要な変革やプロジェクトが頓挫したり、組織運営の支障につながったりすることを指摘します。「組織体制」「財務業績」「仕事観」「時間管理」「企業文化」の五つについて、言葉の定義を明確にし、コミュニケーションとコントロールを適切に実行することで、リーダーは業績を飛躍させることができると説きます。

第9章「ストレス・コミュニケーションの対処法」は、言いにくいことを伝える、行き違いや反目、攻撃的な人物に対処するなどの、面倒なコミュニケーションへの対応方法を説いたものです。複雑でやっかいな事態を乗り切るには、伝える内容を明確にする、内容を伝える時の雰囲気、語調、表情などを中立的に保つ、抑制の利いた表現を用いる、の三点が原則となります。また、相手を尊重する、言い直して矛先を交わす、言動と人格を区別するといったことも重要なテクニックです。これらについて、具体的なシーンにおけるまずい対応例と改善案が示され、対処法を学ぶことができます。

第10章「『説得』の心理学」は、説得力を個人の才能による芸術ではなく、科学的な技術ととらえ、普遍的な原則を説くものです（なお、本稿は本シリーズ書籍『マネジャーの教科書』の第5章と同じです）。その原則とは、「好意を示し、自分と相手の共通点をアピールし、相手を心から称賛する」「自分がしてもらうと嬉しいことを相手にもする」「前例を引き合いに出す」「自発的に約束させ、言質を取る」「専門性、権威を示す」「自分だけの強みや独自の情報をアピールし、稀少性を利用する」の六つです。それぞれ具体的なビジネスの場面の例を用いて説明されています。

いずれの論文においても、説得、プレゼンテーション、そして対人コミュニケーションの効果的な方法を、科学的な根拠の下に身につけられるように、多くの具体的事例が示されています。そして、今日から実践できるヒントにあふれています。読者の皆様の日頃のコミュニケーションや、折衝や交渉、取り組まれているビジネスのさらなる発展に寄与できるものとなっています。なお、論文集ですので、掲載順は気にせず、ご関心のあるテーマから読まれることをお勧めします。

DIAMOND ハーバード・ビジネス・レビュー編集部

『コミュニケーションの教科書』

目次

第 **1** 章

話し方の力

ジョージタウン大学 教授
デボラ・タネン

"The Power of Talk : Who Gets Heard and Way"
Harvard Business Review, September-October 1995.
（未訳）

デボラ・タネン
(Deborah Tannen)
ジョージタウン大学教授。専門はコミュニケーション論、社会言語学。*Talking from 9 to 5: How Women's and Men's Conversational Styles Affect Who Gets Heard, Who Gets Credit, and What Gets Done at Work*, W. Morrow, 1994.（邦訳『どうして男は、そんな言い方 なんで女は、あんな話し方――男と女の会話スタイル 9 to 5』講談社）など著書多数。本稿は同原著の抄録訳である。

印象は「話し方」で決定付けられる

ある多国籍企業の部門のトップが、自分の部門のマネジャーを集めて社員の業績評価ミーティングを行った。マネジャーたちは順番に、自分のグループの社員の名前と仕事ぶりを報告し、誰を昇進させるべきかについて意見を述べた。すべてのマネジャーに女性の部下がいたが、昇進候補として名前が挙がった女性は一人もいなかった。マネジャーたちは、表現はさまざまに異なっていたが、自分のチームの女性社員の中には昇進に必要な自信を持っている人がいない、と言った。部門のトップは、そんなことがあるのだろうかと、いぶかしく思った。自分の部門には有望な女性社員が多くいるはずだが、全員自信がないなどということがあるのだろうかと。

おそらく、女性たちは自信がないのではない。大企業を辞めて起業した女性もたくさんいる。きっと成功する自信があったはずだ。しかし、その人に自信があるかないかについて、周りの人間は、その人が自分をどう見せるかによって判断するしかない。そして、その見せ方は、「話し方」によって大きく決定付けられる。

ある大企業のＣＥＯは、部下が五カ月かけて練り上げた案件の採否を、五分で決めなければならないというようなケースが多々ある、と語った。その際の彼のルールは、提案者に自信がありそうなら承認し、そうでなければ却下する、というものだ。妥当な方法だと思う読者がいるかもしれないが、筆者が研究している社会言語学によれば、話はそう簡単ではない。このCEOは明らかに、自信のある人間はどんな話し方をするかわかっていると思っている。しかしその見立ては、ある人には当てはまっても、別の人にはまったく見当はずれかもしれないのだ。

コミュニケーションというものは、発せられた言葉が文字通りの意味を持つというほど単純なものではない。伝えたいことをどのように話すかに重要な意味があり、どう話すかは学習された社会行動である以上、人によって千差万別だからである。私たちがいかに話すか、そして相手の話をどう解釈するかは、文化的経験に深く根差している。誰もが自分の話し方はごく自然だと考えているかもしれないが、相手も同じ話し方をしているという前提で相手の話を解釈するとトラブルになるかもしれない。

一九七四年以来、筆者は言語スタイルが会話と人間関係に及ぼす影響について研究してきた。ここ四年は、研究範囲をビジネスの場に広げ、子ども時代に身につけた話し方が、その人の能力や自信についての評価にどう影響するかを観察している。どんな話し方をすれば意見が通りやすいのか、信用されるのか、話し方によって仕事の結果や評価がどう変わるのか、といったことを考察している。

冒頭で紹介した、自分の部門にいる女性全員が自信を欠いていると聞いて驚いた、トップの疑問は正しい。男性マネジャーたちは、自分の持つ言語的規範によって女性の部下を評価したが、彼らとは異なる文化の中で成長した女性たちは、その成長過程で男性とは異なる言語スタイルを学ぶことが多く、その結果、実際より能力がないと見られたり、自信がないと見られたりしてしまっているのである。

言語スタイルとは何か

私たちの話はすべて、ある特定の方法——特定のトーン、特定のスピード、特定の声量——で声に出される。私たちは口を開く前に、何を話すかは意識して考えるが、どう話すかについては、採用面接や人事評価面談のような腹の探り合いになる場合を除いて、さほど考えることはない。言語スタイルとは、その人の話し方に表れる特徴的なパターンのことだ。それには、直接的に表現するか間接的に表現するか、ペーシング（相手の話し方や呼吸などに合わせること）や、ポージング（間《ま》の取り方）、言葉の選択、さらには冗談、たとえ話、ストーリー、問いかけ、謝罪などの要素をどう使うかといったことが含まれる。言い換えれば、言語スタイルとは、自分が意味することを相手に伝える方法であるだけでなく、相手の言葉の意味を解釈し、互いを評価し合う際に使う文化的に学習されたシグナルの総体である。

言語スタイルの一要素である話者交替《ターンテイキング》について考えてみよう。会話とは、複数の人が自分の順番が来たら話をするというやり取りだ。一人が話している間、もう一人は話を聞いてそれに応答する。一見単純に見えるこのやり取りの最中にも、相手は話し終わったのか、ここで自分が話し始めて大丈夫かという、微妙なシグナルの交換が行われている。生まれ育った国や地域、民族的背景などの文化的要因は、言葉と言葉のあいだにどれぐらいの間を置くのが自然な話者交替かという理解にも影響する。

デトロイト出身のボブは、ニューヨーク出身のジョーより自然だと感じる間合いが長いので、二人で話しているとなかなか自分の話をすることができない。一方、ジョーにとっては、ボブが適切と感じる間合いは長すぎるので、気詰まりな沈黙を避けるために自分の話を続けてしまい、ボブに話者交替のタイミングを与えることができない。そして二人とも、自分たちの会話スタイルの違いがじゃまをしていることに気づいていない。ボブはジョーのことを、押し付けがましく、相手のことに無関心だと感じ、ジョーはボブのことを、会話を発展させる気がないと考える。

同様に、南部のテキサス州から西海岸のワシントン州に転勤したサリーは、スタッフ会議で発言の機会をうかがうが、ついに一言も発言できずに終わるかもしれない。テキサスでは社交的で自信家と見なされていたサリーが、ワシントンでは内気で引っ込み思案と見なされている。上司からは、アサーティブネス（率直に考えを主張すること）を向上させる話し方の訓練を受けたらどうかとさえ助言された。

このように、会話スタイルのわずかな違いが――右の二例では、ほんの数秒の間合いの差にすぎない――話を聞いてもらえるかどうか、どんな人だと思われるか、能力があると思われるかどうかについて、仕事面でも心理面でも驚くほど大きな違いをもたらすのである。

すべての発話（言語を音声として発すること）は二つのレベルで機能する。誰もがそのうちの一つのことはよく理解している。「言語は考えを伝える」というレベルだ。もう一つのレベルはほとんど意識されることはないが、コミュニケーションにおいて強力な役割を果たしている。すなわち、社会行動の一形態として「言語は関係を交渉する」というレベルである。私たちは話し方を通じて、自分と相手の相対的な力関係やラポール（信頼関係）を形成するためのシグナルを発している。

たとえば、「座れ」と言えば、自分のほうが上の立場にあるか、礼儀を気にしなくてもいいぐらい親しいか、怒っているか、いずれかのシグナルが発せられる。「座っていただけると光栄です」と言えば、声や状況や両者の関係によって、よほどの敬意を相手に抱いているか、嫌みっぽく皮肉を言っているかのいずれかということになる。「疲れたでしょう。どうぞ座ってください」と言えば、親密さ、気遣い、あるいはおせっかいの気持ちが伝わる。どれも言っている内容――相手に座るよう促す――は同じなのに、そこには全然違う意味が込められている。

言語学者が知る限り、あらゆる人間集団において、男性と女性の言語スタイルには違いがある。場合によっては、ほとんどの男性が自然と感じるスタイルが、ほとんどの女性には不自然と感じられることもある。なぜなら、私たちは大人へと成長する過程で、仲間との関係の中で言語スタイルを習得するが、子ども時代は特に同性の仲間と遊ぶ傾向があるからである。遊んでいる米国の子どもたちを対象として、社会学者、人類学者、心理学者たちが行ったある研究によれば、男の子も女の子も会話を通じてラポールを育み、力関係を定めていくが、女の子は人間関係に重きを置いた話し方をする傾向があり、男の子は序列や立場を重視する傾向があるという。

女の子は一人の親友、もしくは小人数のグループで遊び、長時間おしゃべりをする傾向がある。お互いにどれほど親密になれるかを探るために言語を用い、たとえば、秘密を打ち明けた相手と親友になる。女の子は、一方が他方より優れていることを誇示するような会話スタイルは採らず、みんな同じだということを示すような話し方をする。ほとんどの女子は、子どもの頃から、あまりにも自信たっぷりに話すと友だちの不評を買うことを学ぶ。ただし、相手の控えめな話し方を文字通りに受け取るわけでもない。自分の優位性をちらつかせる相手を遠ざけ、「何様のつもりなの」と批判する。何かと指図するような相手には「威張り屋《ボッシー》」のレッテルを貼る。このようにして、女の子は自分のニーズと相手のニーズのバランスを取り、言葉の最も広い意味で互いの面子を損なわない話し方を学んでいくのである。

男の子の傾向は違う。男子はもっと大勢の、男子中心のグループで遊ぶが、そこでは全員が平等に扱われるわけではない。リーダー格の子には、他のメンバーに歩み寄ることより、リーダーとしての地位を強調することが期待され、通常、一人またはごく少数がリーダーと見なされる。男の子は一般的に、偉そうにするといって誰かを非難することはない。リーダーは、序列下位の仲間に指示を与えることが期待されているからだ。男子は、能力と知識を示し、他の子に挑戦し、他の子からの挑戦を受けて立つことによって集団の中での地位を固めていくが、そのためにどんな話し方をすればよいかを学んでいく。命令することは、集団の中で高い地位を得、それを維持するための一つの話し方である。もう一つの話し方は、物語やジョークを繰り出して仲間の注目を集めることだ。

もちろん、すべての男の子と女の子がこの通りのプロセスを経て成長するとか、そのような規範を持つ集団に帰属して快適に感じるとか、この規範に従ってさえいれば成功するというわけではない。しかし、男子も女子も、子ども時代に仲間と遊ぶ中で自分の会話スタイルのほとんどを学んでいく。その意味で、彼らは異なる世界で育つということができる。その結果、言いたいことを言うのに、女性と男性は異なる方法を身につけ、男女間の会話は異文化コミュニケーションの様相を呈することになる。異性の相手が話すのを聞いて、自分がそのように話す場合の意味はこうだから、相手もその意味で言っているのだろうと解釈することはできないのである。

米国企業を対象とする筆者の研究は、子ども時代に学習したことが職場にも持ち込まれることを示している。次のような例を考えてみよう。有力な多国籍企業が、最近導入したフレックスタイム制を評価するためにフォーカスグループ・ミーティングを行った。男女三人ずつ、六人の参加者が輪になって座り、新しいシステムについて話し合った。その結果、このグループは、新制度は優れていると結論付けたが、同時にそれを改善する方法についてもいくつかの提案を行った。ミーティングは円滑に進み、筆者の観察でも、参加者自身の感想でも、成功裏に終了したように思えた。しかし翌日、筆者は驚かされることになる。

ミーティングを傍聴している時の筆者は、グループが採用した改善案の大半はフィルの発案だという印象を持っていたのだが、参加者の発言を文字にして記録し始めると、何とシェリルがほとんどすべての提案をしていたことに気づいたのだ。シェリルの発言の要点を拾い上げてサポートしたフィルのほうが、シェリルより長く話していたため、重要なアイデアがフィルから出たものだと錯覚していたのである。

フィルがシェリルのアイデアを盗んだと考えるのは簡単だ。しかし、それは正確ではない。フィルはそのアイデアが自分のものだとは言っていない。シェリル自身も、のちに筆者に話してくれたところでは、自分はそのミーティングに意味のある貢献ができたという手応えを感じていたし、フィルのサポートに感謝もしていた。筆者が質問したわけではないが、彼女は笑いながら、「あのミーティングは、女性が何を言っても無視されて、男性が同じことを言ったら採用されるという、よくあるパターンとは違っていました」と話してくれた。つまり、シェリルとフィルはチームとして上手に動き、会議は目的を達成し、会社は必要としていた成果を手に入れたのである。何か問題があるだろうか。

筆者は再びその会議のメンバーの元に戻って、あの会議で一番影響力があったのは誰だと思うか、採用されたアイデアは誰のアイデアだったと思うかを尋ねた。彼らの回答には明らかなパターンがあった。シェリル以外の二人の女性はシェリルの名前を挙げ、三人いた男性のうち二人はフィルと答えた。シェリルと答えた男性はフィルだけだった。このケースでは、女性のほうが男性よりも、貢献したのは誰かを正確に見抜いていたということである。

このようなミーティングは今日も米国中の会社で開かれている。誰が何をどういう意味で話しているかを注意深く聞き取る能力がマネジャーになければ、シェリルのような人は、才能を過小評価され、公平に取り立てられることなく埋もれてしまう可能性がある。

会話を通じたポジション争い

個々の話し手が、言語の社会的ダイナミクスにどれほど敏感か——言い換えれば、相手が話す微妙なニュアンスをどこまで汲み取れるかは個人差がある。男性は会話の中に潜む上下関係を決めるパワーダイナミクス（権限の力学）に敏感な傾向があり、みずからを他者の上に立たせるような話し方をし、他者が自分を下位に追いやるような話し方をすることに抵抗する。女性は関係を築くラポールダイナミクス（親密さの力学）に反応する傾向があり、他者を立てる話し方をし、相手を見下していると取られかねない内容は和らげて表現する傾向がある。こうした言語スタイルはあまねく広がっており、毎日職場で行われている無数の交流の場で観察することができる。そして、シェリルとフィルの場合のように、誰の話が聞き届けられ、誰の貢献と見なされるかに影響を与えているのである。

それは誰の貢献か

たとえば、どんな代名詞を使って話すかというような、些細とも思える話し方の違いでさえ、誰の貢献と見なされ、誰が評価されるかということに影響する可能性がある。筆者は職場でのコミュニケーションの調査で、女性なら「私たち」と言いそうな場面で、男性が「私」と言う場面によく遭遇する。たとえば、ある出版社のエグゼクティブは、「私は新しいマネジャーを雇うつもりだ。私は彼にマーケティング部門を担当させようと考えている」と話した。まるで自分が会社を所有しているかのような口ぶりだ。明らかな対照を成す形で、女性が自分一人で成し遂げた仕事のことも「私たち」という主語で語るのを聞いた。ある女性は、「私がやりました」というのは、あまりにも自己宣伝が過ぎる感じがすると話してくれた。しかし、そのように言う彼女も、周囲の人にはそれをやったのは自分であることを知ってほしいし、自分からは求めないけれど、しかるべき栄誉を得たいとも思っている（もちろん願い通りにならないこともある）。「私」と言うか、「私たち」と言うか、代名詞の選び方でさえ、誰が栄誉を得るかを左右する。

マネジャーは、女性が自分の貢献を正当に評価されたいと思うのなら、評価してもらえるような話し方をすればよいではないかと言いたくなるかもしれない。しかし、それは別のやっかいな問題を生む。

どのように話すかは、その人の道徳性と結び付いているからである。私がいかに話すかは、私がどんな人間であるか、そしてどんな人間になりたいと願っているかの表明なのだ。

ハイテク企業の上級研究員であるベロニカには、優れた観察眼を持つ上司がいた。上司は、グループから生まれたアイデアの多くはベロニカのものだが、他の誰かが自分の手柄のように吹聴していることに気づいていた。彼はベロニカに、自分のアイデアは自分で〝所有〟し、正しくクレジットされるよう確認したほうがよいと助言した。しかし、ベロニカは、そんな手柄の奪い合いのような仕事の仕方には魅力を感じないし、やりたいとも思わなかった。彼女自身がそんなやり方を好んでいない以上、いかんともしがたいものがある。

動機は何であれ、女性の多くは、男性のように名乗りを挙げて人前に立つことを学んでいない。そして、そんなことをしたら嫌われると思っている女性は男性より多い。

ビジネスの場でチームワーク重視の傾向が強まっていることは、女性にとって都合がよいと考える向きもあるが、それはパフォーマンス評価の面で悩ましい問題を引き起こす可能性がある。アイデアが生まれ、業務が遂行されるという一連のプロセスが、外からは見えないチームの中だけで完結したら、その成果は、一番声の大きい人の貢献と見なされてしまうかもしれない。多くの人が、そしておそらく男性よりは多くの女性が、人を押しのけるような方法で自分をアピールすることをためらうため、貢献に見合う栄誉を得られずに終わるおそれがある。

自信と傲慢

自信ありそうに見えるかどうかで部下の提案の採否を決めると言ったCEOは、米国企業の間で広く共有されている判断基準に従っているといってよい。自信のほどを判断する一つの方法は、個人の行動、とりわけ言語行動であるという判断基準だ。その点でも、多くの女性が不利な立場に置かれている。

研究によると、自分の主張について、女性はその確実さを低く見積もる可能性が高く、男性は疑いを最小限に抑え込む傾向がある。心理学者ローリー・ヘザリントンとその共同研究者は、独創的な実験を考案し、『性役割』（第二九巻、一九九三年）に発表した。彼らは数百人の大学新入生に、一年目の自分の成績を予測させた。被験者の一部には、自分の成績予想を誰にも知らせず紙に書いて封筒に入れさせ、残りの被験者には自分の予想を研究者の前で口頭で発表させた。その結果、人前で発表させられた場合、女子学生は男子学生よりも成績を低く予測することが判明した。人に話すのではなく封筒に入れた場合は、男女間に予測の差はなく、一年目が終わった時の実際の成績にも男女間に差はなかった。この研究によって、自信の欠如と見なされる行動――成績を低く予測すること――は、実際の自信のレベルの反映ではなく、傲慢と思われたくないという気持ちの表れだということが判明したのである。

女性は確信があっても控えめに語り、男性は疑念があっても自信ありげに語る。

謙虚さを示そうとするか、自信を示そうとするかは、子ども時代に遊び仲間との関係の中で培われた社会化の結果である。成人後も、女性は女性、男性は男性で、同じ規範を共有する友人や親戚からそれぞれの傾向の強化につながる反応を示されることが多く、身につけた傾向をさらに強化していくことになる。しかし、米国ビジネス界を支配している規範は男性の言語スタイル――正確に言えば米国男性の言語スタイル――に立脚している。

質問する

適切な質問をすることは、重要なコミュニケーションスキルの一つだが、何を、いつ、どのように質問するかによって、自分の能力とパワーについて意図せざるシグナルを発してしまうことがある。質問する人間が集団の中に一人しかいなかったら、男性であれ女性であれ、単に無知と見なされる危険がある。さらに、人はどのように話すかだけでなく、どのように話しかけられるかによっても判断されるので、質問をすると教師に教わっている初学生のように見られてしまうかもしれない。男性は、社会化の過程で、質問すると一段低く見られるというパワーダイナミクスに敏感になっている。

ある臨床医は、病院内でのあらゆる情報のやりとりが、自分の能力を判断される根拠（もしくは誤った根拠）となることを手痛い体験から学んだ。研修期間中、彼女は不公平と思える低評価を受けたので、指導医に説明を求めた。すると医師は、他の研修医に比べて知識が乏しいという理由を挙げた。そう言われて驚いた彼女が、なぜそう思うのかとさらに尋ねると、「ほかの研修生より質問が多かったから」という答えが返ってきたのだった。

文化的影響や個人的性格に加えて、ジェンダーも、質問するかしないか、いつ質問すべきかの判断を左右する。筆者が講演や本で紹介する話の中で、一番面白がってもらえるのは、道に迷った時に男性は女性よりも人に道を尋ねることが少ないという指摘だ。筆者はその理由を、男性は人に道を尋ねると自分が一段引き下げられると感じているからであり、自分の道は自分で切り拓くという独立心に価値を置いているからだと説明している。運転中に道を尋ねないというのは、男性は女性ほど質問しないことの一例にすぎず、同じことを示す研究結果は、ほかにもたくさんある。男性は女性よりも、質問するのは面目を失うことだという感覚を強く持っているのである。質問をしたら否定的に評価されると考えている男性は、その裏返しで、質問をする人にマイナスの評価を下しがちだ。

男性は女性よりも、質問をすることは不名誉なことだと感じている。

会話という儀式の約束事

会話において、話す側は文化的慣習に則って話し、聞く側から一定の法則に則った応答があると期待している。その意味で、会話は基本的に儀式的な行為といえる。たとえば、あいさつをする時のことを考えてみよう。筆者は米国を訪れる外国人が、米国人は相手の状況や体調を尋ねるが、どんな答えが返ってくるかに興味がないから偽善者みたいだ、と不満を漏らすのを聞いたことがある。しかし、米国人にとって"How are you?"（「元気ですか」）というのは、文字通りの情報を求めているのではなく、会話を始めるためのお決まりの表現にすぎない。世界の他の国では、フィリピンを含め、知っている誰かと出会ったら、"Where are you going?"（「どこへ行くの」）と尋ねる。それには"Over there."（「ちょっとそこまで」）と曖昧に答えるのがお約束だが、そうとは知らない米国人は詮索しすぎだろうと感じる。
国によって異なる会話の儀式を観察するのは難しいことではないし、楽しくもある。しかし、仕事の場で米国人同士で話す時、ほとんどの人は自分と相手の間にそのような違いがあることを意識していないし、会話の約束事にも注意を払っていない。相手も同じ意味で話しているのだろうと思い込んでいると、会話に含まれる儀式的要素の違いはやっかいな問題を引き起こしかねない。

謝る

"I'm sorry."という単純なフレーズについて考えてみよう。

キャサリン：例の大きなプレゼン、どうだった。
ボブ：よくなかった。財務面で副社長からずいぶん突っ込まれて……数字が用意できていなかったんだ。
キャサリン："I'm sorry."あんなに頑張って準備したのにね。

この場合の"I'm sorry."は、「(そんな結果になって) 私も残念《アイム・ソーリー》」という意味である。ボブが数字を用意できなかったのがキャサリンの責任だったのなら別だが、けっして「ごめんね《アイム・ソーリー》」という謝罪ではない。女性は男性よりも、よく“I'm sorry.”と言うが、それは相手への気遣いを示すお決まりの方法だ。それは、女性が相手との間にラポールを確立するためによく使う、学習された会話スタイルの一つである。儀式的な謝罪は、他の会話儀式と同様、双方がその使い方をわきまえている場合には問題なく機能する。しかし、このような謝罪を多用する人は、そうでない人と比べて、弱く、自信がなく、責めを受けてしかるべき理由が本当にあるという印象を与えかねない。

　男性は、会話の持つ地位や序列の交渉という側面を意識するため、謝罪のとらえ方も女性とは異なる。多くの男性は、謝ると相手の下に立つことになると考えて、あまり謝罪しない。筆者はある弁護士事務所で、弁護士がスピーカーフォンで話をしているのをたまたまそばにいて聞く機会があった。ところが、話している最中に、弁護士の肘が電話に当たって通話が切れてしまった。秘書が通話をつなぎ直した時、筆者は彼が当然「申し訳ない《ソーリー》、肘が当たって電話が切れた」と謝るだろうと予想した。筆者ならそう言う。ところが彼は、「どうしたのかな、いきなり切れちゃったよ」と言ったのだ。この弁護士には、どうしても謝罪しなくてはならない場合以外は過ちを認めないという無意識の衝動があったようだ。筆者にとってこの弁護士事務所での体験は、すべての人が同じ世界に住んでいるわけではないこと、ほかに言い方はないと思える場合でもさまざまな言い方があることを知った、重要な瞬間だった。

　謝罪すると権威が弱まるから、人の上に立つ人は謝罪しないほうがよいと考える人は、コミュニケーションをパワーダイナミクスの観点から考えている。多くの場合、謝罪しないという戦略にはそれなりの効果がある。しかし他方で、職場での不満を人々に尋ねると、よく返ってくる答えは、同僚であれ上司であれ、謝ってくれない人や間違いを認めない人と働くのが嫌だ、というものだった。裏を返せば、失敗の責任を認め、間違いを認めることは、状況によっては、謝らないという方法と同様に効果的で優れた戦略になるということである。

フィードバック

フィードバックにはさまざまなスタイルがあるが、しばしば誤解を招く儀式的要素が含まれる。次のようなやり取りを考えてみよう。マネジャーが、マーケティング担当者に報告書の書き直しを命じなくてはならなくなった。彼女は気の進まない役割を果たすに当たって、まず報告書のよい点に言及し、それから本題である、直してもらいたい欠点を指摘した。担当者はそのコメントを理解し受け入れたように見えたが、再提出された報告書を見ると書き直されていた箇所はわずかで、肝心のポイントは改善されていなかった。マネジャーが不満を述べると、担当者は彼女のフィードバックの仕方のせいで誤解したと言って上司を責めた。「よく書けていると言ったじゃないですか」

この誤解は両者の言語スタイルが異なることに原因がある。マネジャーにとっては、まずほめるべき点を持ち出して批判的指摘を和らげるのは自然なことだった。報告書の欠点を指摘して書き直しを命じるだけでは、部下にばつの悪い思いをさせることになりかねない。報告書のよい点をほめるのは部下の面子を傷つけないためのお決まりの方法だった。しかし、部下は上司のその前提を共有していなかった。彼は上司が最初にほめてくれたことがフィードバックの要点であり、最後に言ったことは付け足しにすぎないと解釈したのだった。

このマネジャーのようなフィードバックの方法を期待する人は、彼女のやり方を理解し、ずばり欠点を指摘するような方法は無神経だと考える傾向がある。しかし、部下のマーケティング担当者の前提を共有している人は、はっきり欠点を指摘するほうが正直でまぎらわしさがないと考え、マネジャーのような方法で指摘されたら何を言われているのかわかりにくくなると指摘する。両者とも、自分のスタイルを自明と思っていたので、相手の非を責めた。マネジャーは担当者が話を聞いていなかったと思い、担当者は上司が曖昧な言い方をしたか、後で考えを変えたと思った。これは、漠然と「コミュニケーション・ミス」といわれることの多い食い違いが、言語スタイルの違いが原因で生じている可能性があることを示す重要なポイントである。

ほめる

お互いをほめ合うというのは一般的に見られる会話の儀式だが、男女を比べれば、女性の間で多く見受けられる。この儀式に関して、会話する双方の期待にずれがあると問題が生じる。ＨＲ（人材開発）部門のマネジャーであるスーザンのほろ苦い体験も、それが原因だった。彼女と同僚のビルは、全米から参加者が集まった会議でそれぞれプレゼンテーションを行った。帰りの飛行機の中で、スーザンはビルに「あなたの発表、すごくよかったよ」と言った。ビルは「ありがとう」と応じた。次にスーザンが「私のプレゼンはどうだった」と尋ねると、彼は細かい批評を始めた。聞きながらスーザンは落ち着かない気持ちになった。自分が一段引き下げられ、見識豊かなビルに教えてもらっている新米になったようで不愉快だった。だが、感想を求めたのは自分なので、誰を責めることもできなかった。

スーザンがビルに聞かせてほしいと頼んだのは、ビルが話したような分析的な論評ではない。彼女が聞きたかったのは批評ではなくほめ言葉だったのだが、「私のプレゼンはどうだった」という問いかけから話が変な方向に進んでしまった。スーザンが最初にビルをほめたのは、同僚がプレゼンをした後ではそうするのが当然という自動的な反応にすぎず、ビルも同じ意味で自分のプレゼンをほめてくれるものと期待してのことだった。しかしビルは、スーザンの儀式的な質問の意図を取り違えて真摯に答えてしまったのか、これ幸いとばかりにスーザンを引き下ろそうとしたのかはわからないが、批評的な感想を語ってしまった。いずれであれ、彼の口を開かせたのは、儀式的なほめ言葉を交換しようとしたスーザンからの声かけだった。

このような食い違いは男性同士の間でも起こりうるが、男性と女性の間で起こりがちなのは偶然ではない。言語学者のジャネット・ホームズは、女性は男性よりほめ言葉を多用することを発見した（『人類言語学』第二八巻、一九八六年）。筆者の観察でも、「僕の話をどう思った」と尋ねる男性はあまりいない。それは聞きたくもない批評を聞かされるのを避けたいからにほかならない。

実際、ピア・グループの社会的構造の中で、男の子は他者を押しのける機会を探しながら育つ。対照的に女の子は、へりくだるのは約束事にすぎないと知っている相手が持ち上げてくれるという前提の下で、一歩退いた自己表現を学びながら育っていく。

スーザンとビルのケースから、女性と男性のスタイルの差異によって、職場では女性が不利な立場に置かれる可能性が高いことがわかる。一方はステータスの差を最小限に抑え、みんなが平等に見えるよう心がけ、相手の顔を立てようとしており、他方は、自分を高く見せ、低く見られるような言動を避けるとすれば、後者が昇進する可能性が高い。また、人に押しのけられないために特段の配慮をしていない人は、実際に押しのけられる可能性が高い。また、女性はすすんでアドバイスを求める（あるいは受け入れる）儀式的傾向があるため、女性から質問された男性は、自分が助言を求められていると勘違いする傾向がある。

反論する

謝る、ほめ言葉を添えて批判を和らげる、互いにほめ合うといったことは、女性の間では一般的な会話の儀式だが、男性はこれを文字通りに受け取ってしまう。逆に、男性の間では単なる儀式なのに、女性が文字通りに受け取ってしまうこともある。その代表格が「反論」である。

二人の男性社員が、どの部門の予算を削減すべきかをめぐって激しく議論していた。同僚の女性は、激しい口論を聞かされて不快と苦痛を感じた。ところが驚いたことに、ごく短時間の後に、さっきまで言い争っていた二人が親しそうにしていたのである。「あんなに口論していたのに、どうして何事もなかったみたいに振る舞えるの」と彼女は片方の男性に尋ねた。「なかったみたいなふりって、何が」と彼は答えた。「たしかに議論はしたけど、もう終わったよ」。彼女が深刻な対立と受け取ったものは、日常会話のルーチンの一部、儀式化された言い争いにすぎなかったのである。

多くの米国人は、議論《ディスカッション》というものを儀式的な言い争い——あえて反対意見を口に出すことによる探究――と考えている。自分の考えを可能な限り確実かつ絶対的な形で提示し、異議が申し立てられるかどうかを待つ。異論が出されて自分の考えを擁護しなくてはならなくなったとすれば、それは自分の考えを鍛える機会だと受け止める。その精神で、米国人は議論の場であえて悪魔の代弁者となって、相手の考えの穴や弱点を突き、相手が考えを深めるのを助けようとさえする。

この会話スタイルは、全員がこれを共有するならうまくいくかもしれないが、それに慣れていない人はその儀式の性質をとらえそこなう可能性が高い。異議を唱えられたら、自分の考えが稚拙なせいだと受け止めて、取り下げてしまうかもしれない。もっと悪いことに、異論を個人攻撃と受け止め、そんな文句を言われたのではやっていけないと考えるかもしれない。このスタイルに慣れていない人は、想定しうる攻撃をあらかじめ回避するために、断定的な言い方を避けて意見を述べる可能性がある。それは皮肉なことに、その意見を実際より弱く見せ、異論を避けるどころか、好戦的な同僚からの攻撃を誘発する可能性が高い。

儀式的反論は採用人事にさえ影響を及ぼす。有力ビジネススクールの卒業生を採用しているコンサルティング会社の中には、採用選考の手段として対立的な面接を使っているところがある。彼らは面接の場で応募者にある見解を提示し、いまここで論破せよと迫るのである。そのようなやり方について、あるパートナーは筆者にこう話してくれた。「女性はそういうのが苦手な傾向があって、間違いなく採用に影響している。でも実際には、採用試験でうまくできなかった女性の多くが優れたコンサルタントになっているという結果が出ている。プレッシャーのある状況の中で分析力を発揮しそうな男性より、女性のほうがスマートなことが多いのです」

反論されて不快と感じる人は、女性でも男性でも、自分の考えに自信がないと見られるおそれがある。反論のレベルは企業文化によって異なるが、筆者が調査したすべての組織で、反論の受け止め方には男女差が見受けられた。反論を不快に感じる人は——そこには多くの女性と、割合は少ないが男性の両方が含まれる——自分の考えに自信がない人物だという印象を周囲に与える。

誰に権限があるかをめぐる綱引き

組織において、公式の権限は職位から生じる。しかし、実際の権限は日々の綱引きのような交渉によって獲得される。マネジャーとしての成果は、権限をめぐる交渉と、周りの人が後押ししてくれるか、足を引っ張るかにかかっている。その綱引きの手段である言語スタイルには暗黙のステータスが反映されており、その人が組織階層のどこに位置付けられるかということに微妙な影響を及ぼす。

上がるも下がるも話し方次第

調査したすべての企業の女性から、自分は優れた仕事をしているし、同僚も（場合によっては直属の上司さえ）そのことを知っているのに、会社の上層部がそれを認識してくれない、という不満の声を聞いた。何かが自分の足を引っ張っている、という話を何度も聞かされた。彼女たちは、成功するのに必要なのはいい仕事をしているかどうかであり、優れた業績は認められ報われるべきだと考えていて、自分の置かれている状況に腹を立てていた。対照的に、男性はしばしば、女性が昇進できないのはそれに見合う実力がないからにすぎないと言った。しかし、少し観察すればわかるが、男性のほうが女性より、自分を昇進させてくれる権限を持つ人たちの目にとまるような言動を頻繁に取っている。

訪問したすべての企業で、筆者はランチタイムの様子を観察した。いつも上司と昼食を食べる若い男性社員たちがいたし、上層部の人と食事をともにするマネジャーたちもいた。しかし、男性と比べると、上司と食事しようとする女性は圧倒的に少ないことに気づいた。だが、上司に自分の仕事の成果をアピールする人は評価されやすく、日頃からコミュニケーションが取れていればそのアピールも容易だ。そのうえ、上司に自分のことを話す機会があったとしても、男性と女性では自分の業績について異なる話し方をする可能性が高い。社会化の過程で、男性は自分の業績を大きく語ることで報いられ、女性は控えめに語ることで報いられることを学んでいるからである。上司を動かすという点では、男性の言語スタイルのほうが有利である。

人に話をする時、誰でも相手の地位や立場を意識しており、それに応じて話し方を調整している。部下に話す時と上司に話す時では、誰もが違う話し方をする。しかし、話し方を調整する方法は人によって驚くほど異なり、それがその人を見る周囲の目に影響を与えている。

コミュニケーション研究者のカレン・トレイシーとエリック・アイゼンバーグは、会話する二者の相対的な地位が、一方が他方を批判する時の話し方にどのような影響を与えるかを調べた。彼らはいくつかのミスを含むビジネスレターを用意したうえで、男性一三人と女性一一人の大学生に、二つの状況設定で相手のミスを責めるロールプレイを行ってもらった。最初の設定は、上司が部下のミスを指摘するという設定、第二の設定は、部下が上司のミスを指摘するという設定であった。そして、ミスを指摘する側が相手を傷つけないためにどのような工夫をするかが観察された。

当然、部下が上司を批判するケースのほうが、慎重に言葉を選ぶだろうと予想される。しかしトレイシーとアイゼンバーグの研究は、その仮説は男性には当てはまるが、女性には当てはまらないことを明らかにした。女性は上司の役割をあてがわれた時のほうが、相手に対してより多くの気遣いを示したのである（『言語と社会的相互作用の研究』第二四巻、一九九〇／一九九一年）。言い換えれば、女性は上司に対してよりも部下に対して、相手の面子を傷つけないよう慎重に話すということだ。このパターンは女の子の社会化の過程を想起させる。女性は、何かの点で自分が他者より優れている場合、その優越性を誇示するのではなく、控えめに振る舞うことが期待される中で成長する。

筆者自身も、女性が職場でそのような話し方をするのを観察した。たとえばある女性マネジャーは、秘書のミスに気づいた時、ミスは無理もないと前置きしたうえで間違いを指摘した。彼女は笑いながらこのように言った。「ここで間違わずに仕事するのは大変でしょう。こんなに大勢の人から仕事が持ち込まれるんだから」。このマネジャーは部下の面子を傷つけまいとしていたのだ。トレーシーとアイゼンバーグの研究でロールプレイを行った女子学生と同じである。

これは効果的なコミュニケーションの方法だろうか。それを考えるには、まず「何のための効果」かを定義しなければならない。この女性マネジャーは、このようなやり方で職場をポジティブな環境にして、業務を効果的に推進していた。しかし、さまざまな分野で数え切れないほど多くの女性マネジャーが、地位にふさわしい権威を保っていないと上司に指摘されている、と筆者に訴えた。

婉曲に話す

会話する双方の相対的な力関係によって変わる、もう一つの言語シグナルが間接性である。間接性とは、言いたいことをストレートに言わず、表現を工夫して婉曲に伝えることである。米国では言いたいことは率直に言うのが最善とされているが、間接性はコミュニケーションの基本的かつ普遍的な要素である。これは文化による違いが最も大きい要素の一つで、双方の習慣や期待が異なると重大な誤解を引き起こす可能性がある。

米国でも女性は男性より間接的な話し方をするといわれているが、実際には、誰もが状況次第で、程度と方法は違っても間接的な話し方をする。女性は、文化的、民族的、地域的、さらには個人的な違いはあるにしても、人に命令する場合には特に間接的に話そうとする傾向が強い。ボス風を吹かせると嫌われる環境の中で育ってきたのだから無理はない。一方、男性は、自分の落ち度や弱さを認めるような場合に特に間接的な話し方をする。弱みを見せたら攻め込まれる環境の中で育ってきたのだから、それも無理はない。

一見すると、誰かの部下である限り、「正午までに報告書を出すように」といった明白な命令から逃れることはできなさそうだ。しかし、上司は命令とは思えないような間接的な表現で命令することもある。たとえば、上司が「地域別の売上データはあるかな」と言った時、部下が「すぐお持ちします」と言わず、「たぶんあると思います」と答えたら、上司は面食らい、腹を立てるだろう。なぜならそれは質問ではなく命令だからだ。とは言うものの、多くの研究から、間接的な物言いをするのは部下の側であることが多いのは明らかで、状況によっては特にその傾向が際立つことがある。

たとえば、言語学者シャーロット・リンデは、複数の航空事故後に回収されたブラックボックスに残されていた録音をもとに、機長と副操縦士の墜落前の会話を調べて、その結果を発表した（『言語と社会』第一七巻、一九八八年）。ワシントンDCのナショナル空港を離陸した直後にポトマック川に墜落し、乗客・乗務員合わせて七四人のうち六九人が死亡したエアフロリダのケースは悲劇的だった。

のちに判明したことだが、事故機の機長は、事故当日のような寒冷な気象条件での飛行経験がほとんどなかった。その点では、副操縦士は機長より経験があった。残された会話記録から、副操縦士は機長に警告しようとしていたが、言い方が間接的すぎたために事故を防げなかったという痛ましい状況が明らかになった。リンデの観察に触発された筆者は、文字に起こされた会話を精査し、リンデの仮説の証拠を見つけた。副操縦士は機長に、悪天候と、他の飛行機の機体に見られる着氷に注意するよう求めていた。

副操縦士：見てください、あそこに駐機している機体。後部に氷が張り付いていています。氷柱《つらら》だらけです。見えますか。

機長：ああ、見える。

（副操縦士は、自機が除氷作業のあと長時間待機させられていることへの懸念も表明する）

副操縦士：まいったなあ、これじゃ除氷しても効果ないなあ。安心しないほうがいいですね。

（離陸直前、副操縦士は計器がいくつかの異常値を示していることにも懸念を表明したが、機長が聞き流すと、それ以上指摘するのをやめてしまった）

副操縦士：いやな値じゃないでしょうか。［三秒間無音］。まずいな。あの……

機長：大丈夫、八〇だ。

副操縦士：そうでしょうか、まずくないですか。［七秒間無音］いや、たぶん大丈夫でしょう。

このやり取りの直後に飛行機は離陸し、悲劇的な結末を迎えた。他の例でも、この事故と同様、指揮命令系統で二番目に位置する副操縦士は、取るべき行動を機長に提案する際、間接的に言ったり、割り引いたり、表現を和らげたりしがちであることをリンデは観察している。そうした事故を防ぐため、現在、もっと断定的な表現をするよう副操縦士を教育している航空会社もある。

それは大方の米国人には至極当然な解決策のように思われるが、筆者が大学院のゼミでリンデの報告を読ませた時、日本人の学生が、副操縦士の発言を間違いなく受け止めるように機長を教育しても同程度に効果があるのではないかと指摘した。その考えは、口に出さなくても相手を理解する能力に価値を置く日本的コミュニケーションスタイルを反映している。直接的でも間接的でも、双方が相手の言語スタイルを理解していれば、たしかにコミュニケーションは問題なく成立する。

しかし、一般に仕事の世界では、双方が相手のコミュニケーションスタイルを理解しているかどうかということより、もっと重大な意味を持つ事実がある。それは、権限《パワー》を持っている人は、自分と同じ言語スタイルの部下を厚遇する傾向が強いということだ。それは、誰もが自分の言語スタイルが拠って立つロジックこそが正しいと考える傾向があるからにほかならない。したがって、上司は直接的な表現で指示を出すことが期待される米国の職場では、間接的な言い回しで部下に命令すると、自信がないと見なされるおそれがある。

権限のある人は、自分と同じような言語スタイルで話す人を厚遇する傾向がある。

全国誌の女性編集長が部下に仕事を命じているケースを考えてみよう。彼女は部下に指示を出す時、質問形式で話す傾向があった。たとえば、「Yさんと一緒に、Xプロジェクトをやるのはどう」とか、「Xプロジェクトに加わってもらいたいんだけど、大丈夫かな」といった具合だ。このスタイルは彼女の部下たちにはうまく働いた。部下たちはこの編集長の下で楽しく働いており、仕事は効率と秩序を保ちながら進められた。しかしこの編集長は、年度半ばの評価面談の際に、上司から、部下に接する態度が適切ではないと苦言を呈されたのだった。

どんな職場でも、上司は、どのような立ち居振る舞いが適切かについて、自分と同じ判断をするよう部下に強いる力を持っている。言語スタイルも立ち居振る舞いの一つだ。だとすれば、米国ではほとんどの場合、上司は直接的な言葉で部下に命令してもかまわないということになりそうだ。しかし、上司が間接的なスタイルを取ることもある。

ある小売店の女性オーナーが、部下である店長に、あることを命じた。店長はやりますと答えたが、一週間経ってもやっていなかった。後日、彼らはその行き違いの原因が、自分たちが交わした会話にあったことに気づいた。

オーナーは店長にこう言っていた。「経理担当者に請求業務のサポートが必要のようです。あなたが彼女を手伝うということを考えてくれる?」。それに対して店長は「わかりました」と答えた。このやり取りは明瞭で、どこにも問題なさそうに見える。だが後に、両者がこの単純なやり取りをまったく別の意味に解釈していたことが明らかになった。オーナーは店長が、「わかりました、私が経理担当者を手伝います」と答えたと解釈していた。一方の店長は、「いいですよ、経理担当者を手伝えるかどうか考えてみます」と答えたつもりだった。実際、彼は手伝えるかどうかを考え、そのうえで、自分にはほかにやるべき仕事があるので請求業務の手助けはすべきでない、という結論に達していたのだった。

オーナーにとって、「彼女を手伝うということを考えてくれる?」と言えば、「経理担当者の請求業務を手伝ってください」という業務命令を伝える完璧な方法だった。しかし、命令はズバリと言うべきだと考える人は、このような言い回しは回りくどく、誤解を引き起こすおそれがあると考える。他方、このスタイルを自然に感じる人は、オーナーの言葉使いは間接的でも何でもなく、ていねいさと敬意を保った明確な指示だと考えるだろう。

この例がビジネスの世界での典型的なケースと異なるのは、間接的な話し方をするのが上司の側だったということだ。そのため、部下である店長が、自分をオーナーの言語スタイルに合わせる必要があった。女性オーナーはいまも同じような言い方で指示を出しているが、店長は彼女が何を言わんとしているのかを理解している。だが米国のビジネスの文脈では、上位の人ほど直接的な言語スタイルを取るのが一般的なので、権限を持つ女性の多くが、上司から態度が適切でないと指摘され、自分に自信がないと判断されるリスクを抱えている。

最善のコミュニケーションのために何が必要か

筆者はよく、相手に耳の痛いことを伝える最善の方法は何か、命令する時の最善の方法は何か、と尋ねられる。言い換えれば、人とコミュニケーションする時の最善の方法は何か、という質問だ。最善の方法はない、というのが筆者の答えだ。ある話し方がもたらす結果は、その時の状況、企業文化、会話当事者の相対的な地位、言語スタイル、およびそれらのスタイルの相互作用によってさまざまに異なるからだ。これらすべての要因によって、ある状況下でのある人に対するコミュニケーションとしては完璧な話し方が、別の状況下の別の人に対しては悲惨な結末を招く話し方になってしまうかもしれない。マネジャーにとって重要なスキルは、言語スタイルの仕組みと影響力を認識し、価値ある貢献をしてくれる部下の声を正しく汲み取ることである。

たとえば、型にはまらない自由な形式で会議を行えば、全員が等しく発言できると思えるかもしれない。しかし、会話スタイルの違いを考慮すると、必ずしもそうではないことがわかる。大勢の中でも自然に話せる人、わずかな沈黙があれば（あるいはまったくなくても）発言できる人、あるいは指名されなくても声を出せるような人は、会議で意見を通せる可能性が高い。逆に、前の人が完全に話し終わるまで発言を控える人、指名されないと発言できない人、常に他の人の発言に関連付けて意見を述べようとする人は、同じ会話スタイルの人ばかりが集まる会議なら問題ないが、そうでなければ意見を言うのに苦労するだろう。

男の子と女の子の典型的な社会化のパターンを、前述の会議での発言スタイルに当てはめると、男性は前者のスタイル、女性は後者のスタイルを学習しながら成人するということができる。つまり、女性より男性のほうが、会議という場を居心地よく感じている可能性が高い。一対一のディスカッションや、女性だけのグループでは積極的に発言する女性が、男性の割合が多いミーティングではほとんど発言しないということも珍しくない。一方で、男性の間で多く見られるスタイルで話す女性もいるが、その場合は過度に攻撃的な性格と見なされる別のリスクがある。

言語スタイルのダイナミクスを理解しているマネジャーは、部下全員の考えに耳を傾け、しかるべき承認を与える方法を工夫することができる。あらゆる状況に適した万能の方法はないが、会話スタイルが持つ意味を理解しているマネジャーは、会議を主催する場合でも参加する場合でも、部下に対するメンタリングやキャリア支援を行う場合でも、あるいは人事評価の面談でも、相手や状況に合わせて柔軟に対応することができる。

話すことと聞くことは、マネジメントに血を通わせる重要な要素である。同じことを言うにしても、話し方は人によって千差万別であることを理解していれば、さまざまな言語スタイルの人材を活用することができる。職場が文化的に多様化し、ビジネスがグローバル化した現在、マネジャーはこれまで以上に部下の発言の意味と気持ちを正しく読み取り、相手に合わせて自分のスタイルを柔軟に調整できるようにならなくてはならない。

第2章

[意思決定者スタイル別] ビジネス説得術

ミラー・ウィリアムズ CEO
ゲイリー A. ウィリアムズ
ミラー・ウィリアムズ 会長
ロバート B. ミラー

"Change the Way You Persuade"
Harvard Business Review, May 2002.
邦訳「[意思決定スタイル別] ビジネス説得術」
『DIAMONDハーバード・ビジネス・レビュー』2002年9月号

ゲイリー A. ウィリアムズ (Gary A. Williams)
サンディエゴにある顧客調査会社、ミラー・ウィリアムズの CEO。営業、マーケティング、コンサルティング分野で20年以上の経験を有する。この間、何千人もの経営者にアドバイスを提供し、顧客を理解することをサポートしてきた。

ロバート B. ミラー (Robert B. Miller)
ミラー・ウィリアムズ会長。営業、コンサルティング、マネジメントの分野40年以上にわたって活躍を続けている。*Strategic Selling*, William Morrow,1985. など著書多数。

相手に合わせて説得法を使い分ける

あなたにもこんな経験があるに違いない。会議を招集して、上司や同僚から重要な施策――たとえばハイリスク・ハイリターンのベンチャー事業への投資――に了解を取り付けようとした。どこにもすきのないロジック、完璧なデータ、そして熱のこもったプレゼンテーションを実践した。

ところが二週間後、「あなたの提案は却下された」という知らせが届く。非の打ちどころなど、どこにもないように思われたのだが――。いったい何が悪かったのだろう。

しばしば見られるのが、議論の中身に気を取られるあまり、メッセージの伝え方を誤るという失敗である。実際、情報の伝達方法が不適切だったために、誤った判断が下されることは少なくない。

筆者たちの経験からすれば、工夫次第で、企画を通す可能性を飛躍的に高めることができる。まず、プレゼンテーションの対象者を見渡し、「ここでのキーパーソンは誰か」を見抜き、その人物の意思決定スタイルに合わせて論理を組み立てるのである。

より具体的に説明したい。説得対象となるマネジャーはその意思決定スタイルによって、次のいずれかに分類できる。

❶カリスマ

新鮮なアイデアや提案に接すると、当初は大いに関心を示すだろう。しかし最終的には、さまざまな情報を比較検討したうえで判断を下す。

❷思索者

会議の途中で意見を変えて、それまでとは矛盾した考えを述べ始めることがある。すべての選択肢を注意深く検討してから、初めて結論に至る。

❸懐疑主義者

自分の世界観に合わないデータには根強い疑念を向け、直感に従って方針を固める。

❹追随者

信頼するマネジャー、あるいは自身が類似の事例でどのような判断を下したかを参考にする。

❺コントローラー

内心に不安やためらいを抱いているため、疑いようがない事実や分析に頼ろうとする。

意思決定者の振る舞いや特徴は、タイプごとに大きな開きがある。「コントローラー」はリスクを嫌うが、「カリスマ」は逆に追い求める。

このような違いがあるにもかかわらず、上司、同僚、部下などを説得しようとする人々は、概して画一的な手法しか用いず、「思索者」にも「懐疑主義者」にも同じようにぶつかっていく。本来ならば、相手のタイプに応じて説得手法を使い分け、適切な表現や形式、順番で適切な情報を伝えなければならない。

それというのも、ビル・ゲイツとローレンス・エリソン（オラクル会長）とでは、意思決定に至るプロセスが異なるのではないか。この点を肝に銘じておくだけでも、説得スキルを目覚ましく向上させられるはずである。

意思決定スタイルの五つのタイプ

マネジャーが現在の地位にまで上り詰めたのは、その意思決定力に負うところが大きい。彼らは、主に経験から学びながら、自分なりの判断基準を築いてきたのである。意思決定には必ず、理性と感情の両方が作用するが、どちらにどれくらい影響されるかは個人差がある。

筆者たちは多彩な業界のマネジャー約一七〇〇人から協力を得、二年超の歳月をかけて意思決定スタイルに関する調査を実施した。焦点を当てたのは購買時における意思決定についてだが、その結果は意思決定全般に示唆を及ぼすものである。

対象者にはインタビューを試み、意思決定のさまざまな側面について尋ねた。「判断を下すに当たって、周囲からの情報やアドバイスを強く求めますか」「現状を打破したいとお考えですか」「どの程度までならリスクを取ることができますか」。このような特徴や志向は、往々にしてキャリアの早い段階で形成され、経験を積むにつれて進化を遂げていく。

言い換えれば、我々は皆、特定の意思決定スタイルを志向し、成功を重ねるにつれてその傾向をより強めていくのである。あるいは何回も挫折を経験すると、別のスタイルに移行する。

筆者たちの調査は、MBTI（マイヤーズ＝ブリッグス・タイプ・インディケーター）(注1)のような一般的な性格診断テストとは別物だと考えていただきたい。ここで示すフレームワークは、意思決定スタイルのみを分類している。

もとより、意思決定の方法は一定ではなく、その時々の状況によって大きく変わるものだ。しかし、我々の調査によれば、社運を賭けた難しい判断を下す場合には――すなわち、多数の複雑な考慮を必要としたり、深刻な結果をもたらしたりする場合には――多くの人々が自分本来の意思決定方法（「デフォルト・モード」）に頼ろうとするのである。

本稿では、五つの意思決定スタイルを詳しく分析していく。ここで挙げる各スタイルの特徴は、あくまでも最大公約数にすぎないが、おおよその特徴を理解しておくと、相手のタイプに合わせてプレゼンテーションや議論を組み立てることができる。

残念なことに、現実にはほとんどの人々がこれに失敗している。筆者たちの知る限り、キーパーソンの判断スタイルに合わせてセールス・プレゼンテーションを進めている例は、全体の半数に満たない。八〇％近くが「懐疑主義者」あるいは「コントローラー」に適したプレゼンテーションなのだが、この二タイプを合わせてもマネジャーの二八％にすぎないのである。

以下、タイプごとに多数の微妙な違いがあることを掘り下げるために、架空の状況を想定しながら論を進めたい。タイプ①～⑤までを説明するに当たっては、この仮定に基づきながら、いかにCEOを説得すればよいのか、ケーススタディを用いて解説する。

【ケーススタディ】 顧客志向の組織改編プラン

マックスプロは、オフィス機器のトップメーカーとして、プリンター、コピー機、ファックスなどを取り扱っている。中央によるコントロールの強い組織で、マーケティングやセールスの機能もほとんどが本社に集中している。

セールスマーケティング担当の上級副社長メアリー・フラッドは、組織を改編して顧客志向を強めなければいけないと考えている。とりわけ、本社の管轄下ではなく、地域ごとに大口顧客担当チームを設ける必要があると痛感している。フラッドの構想は、既存の得意先のみならずセグメント別のマーケティングを展開する拠点を、北東部、南東部、中西部、南西部、西部に分散して設け、それぞれにバイスプレジデントを任命するというものである。

主要顧客（基準は売上高五〇〇〇万ドル超であること）の担当者は、顧客企業の本社近くに拠点を移して、当該地域のバイスプレジデントに直接指示を仰ぐことになる。マーケティングチームと流通チャネルも地域別に設け、本社マーケティング部門はブランド力の強化に専念する。

ただし、これらの構想を実現に移すために、フラッドはＣＥＯのジョージ・ノーランの支持を取り付けなければならない（編注：このケースをもとに、以下では、意思決定者のスタイル別に説得術を解説している）。

タイプ❶カリスマ

筆者たちの調査では、カリスマは全体の二五%を占めていた。このタイプは新しいアイデアに魅せられやすい。短期間に大量の情報を処理する力に優れ、ビジュアル情報から発想を膨らませる。

カリスマは、壮大な構想でもさっそく具体的なプランにまとめようとし、特に実行面の詳細を詰めようとする。

往々にして、このタイプは「情熱家」「カリスマ的な魅力を持つ」「饒舌である」「力で他を圧倒する」「不屈の精神を持つ」などと評される。

自身の言動に責任を負うことはもちろん、リスクを取ることもいとわない。ことのほか客観的な情報や事実を重んじ、自己陶酔や強迫観念にとらわれることはまずない。

著名なところではリチャード・ブランソン、リー・アイアコッカ、(注2)ハーブ・ケレハー、(注3)オプラ・ウィンフリー(注4)などがこのタイプに当たる(基本的には、我々が本人に直接会って観察したうえで分類しているが、一部の人物に関しては資料をもとにした)。

カリスマ系マネジャーに新鮮なアイデアをぶつけると、相手は目を輝かせるかもしれない。しかし、最終的なコミットメントを引き出すのはけっして容易ではない。

なぜなら彼らは、これまでの経験——とりわけ判断ミス——から、興奮を抑え、現実に目を向ける重要性を嫌というほど承知しているからだ。みずからの関心を裏付ける事実を探すことに努力するとはいえ、それが見つからなければ、瞬く間にアイデアへの興味を失っていく。

加えて、結果に直結する議論を好み、自社の競争力を強化させるような提案にはことさら身を乗り出す。成果志向に欠けた一面的な議論にはおおよそ納得することはない。煎じ詰めれば、このタイプは、多種多様な情報に基づきながら、極めて論理的に最終判断を導き出す。

このようなカリスマを説得する際には、相手につられて自分までもアイデアに夢中になってしまわないように、気持ちを引き締めなければならない。相手の興味をかき立てそうな点については、心持ち控えめに述べるのも一つの方法である。

言い換えれば、キーパーソンの心の琴線に触れそうな点に深入りするのは避け、そのリスクについても論じられるよう準備しておくことが肝要である。こうすれば、地に足のついた議論を展開し、相手から強い信頼を引き出すことも可能だろう。

結果に焦点を合わせ続けることも忘れてはならない。わかりやすい言葉で単刀直入に論旨を伝え、訴求点やメリットについてはチャートなどを用いて相手の目に焼き付けるようにすると効果的だ。求められなくとも「結果につながる」ことを示すべきである。さもないと、二度とチャンスは訪れないかもしれない。

さらに、リスクに関しても一〇〇％率直に述べ、合わせて、そのリスクを最小限に抑える方法を説明するとよい。デメリットを隠そうとしても、あなたが彼らの懸念に十分に答えられずにいると、早晩カリスマはその問題点を察知する。

もとよりマネジャーは多忙だが、わけてもカリスマは短気である。そこで会議では、冒頭に事のポイントを切り出す。前置きを述べている間にも、相手の注意は削がれていく。二時間の枠が設けられていたとしても、その間ずっと耳を傾けてもらえるとは限らないからだ。

カリスマは月並みな議論を嫌い、しばしばプレゼンテーションに割って入っては「要するに何が言いたいのだ」と迫ってくる。それどころか、論と論を戦わせるのを好み、会議室を歩き回ってみずから議論の主導権を握ることすらある。

このタイプは独立心旺盛と映るかもしれないが、実際には、重要な意思決定においては他の役員たちに意見を求めることが多い。このような傾向を念頭に置いておくと、賛成を引き出せる可能性は高まるだろう。

合わせて欠かせないのが、静かに待つ姿勢である。カリスマは、自分が判断を下すまで辛抱強く待つことを周囲に期待している。あなたとしては、相手が前向きな姿勢を示したことから、すぐにでも了解が下りるだろうという感触を得るかもしれないが、最終判断までにはしばらく時間を要することがままある。

このタイプの心をつかむキーワードは、「結果」「実証済み」「行動」「ビジュアルに示しましょう」「ご注目ください」「ご覧ください」「輝かしい」「容易」「明快」「フォーカス」などである。

説得術：カリスマを説得する

フラッドは一時間の会議を設定して、CEOのノーラン以下、全経営メンバーに組織改編を提案することにした。

会議の前日、ノーランの右腕でCOOのジャック・ワーニアーズを相手に予行演習を行った。ワーニアーズがいくつかの懸念を示したため、フラッドはそのフォローとして、簡単な資料とメールを送って対策を説明した。

当日用には何枚かチャートも用意したが、いずれも既存の手持ち資料だった。ノーランに「自分が自在に議論を取り仕切っているのだ」と思ってもらえるよう（最初からチャートを示すのではなく）状況に応じて頭の中で内容を組み替えながら、ホワイトボードに書き込む考えだった。

いずれノーランには、実行に関わる詳細も伝える必要があったが、会議中にそこまで言及するのはまず無理だろうと思われたため、後から渡せるように別途リポートにまとめておいた。

プレゼンテーション本番では、その冒頭で、現行の組織図とその問題点を示した。そしてすぐに本題へと移り、組織改善案とそれによる問題解決上の効果を説明した。特にアクセントを置いたのは、組織改編がいかにマックスプロ全社の競争力を高めるかという点であった。

「この組織改編を敢行すれば、顧客重視の姿勢を強められます。そうすれば、離反率も低くなるでしょう。特に重要な顧客について、顕著な効果があるはずです」

そのうえで、この組織改編を契機に他社以上の優位性を築ける点について説明した。フラッドの考えはすぐにノーランの心に響いたようだった。彼は大胆で独創的なアイデアを好むため、あたかも組織改編が既定方針であるかのようにとうとうと語り始めた。

フラッドのほうは、そんなノーランの気持ちを逸らさないように、組織改編の影響を説き続ける。とりわけ、移転コストがかかる点、この構想がIT部門などから強い抵抗が予想される点にも触れた。同部門は、さまざまな地域に散らばる従業員たちにサポートを提供しなければならないからである。

次にフラッドは、実行に伴うリスクをつぶさに説明した。仮に失敗したらどうなるのか、そのリスクを最小限に抑えるにはどうすればよいのか、といった点である。

これらの情報はノーランだけでなく、実行責任を負うことになる人々にも向けられたものだった。改編を見送る場合のリスクにもきちんと言及した。

特に強く訴えたのは、すでに上顧客の三社が、マックスプロの顧客サービスに不満を抱いて他社への乗り換えを検討している点である。

フラッドには、カリスマタイプのノーランが先を急ごうとしていることがわかっていた。

そこでプレゼンテーションの最後に、次に何をなすべきか指示を仰いだ。ノーランは、組織改編を進める場合の詳しいスケジュールを、主要イベントの日付入りで作成するように求めた。

「そうおっしゃるだろうと思いまして」フラッドが答えた。「ここにリポートを用意しておきました。このリポートにはスケジュールのほか、これまでの調査から得られた参考データ、他社の類似事例、関連事実などを載せてあります。リスク評価の項は、特にご関心がおありではないでしょうか」

そして最後に、リポートが「要約」と「詳細分析」の二部構成であることを言い添えた。

その晩ノーランは、東海岸へ向かう機中で、フラッドの提案について考え始めた。上位顧客にどのような影響が及ぶのか思いをめぐらせながら、リポートを開いた。すると「上位一〇顧客への影響」と題した表が目に入った。これこそノーランが求めていた情報だった。

タイプ❷思索者

全体の一一%を占める。五つのタイプの中でも、心中を推し量るのが最も難しく、したがって説得にも骨が折れる。

思索者には「思慮深い」「明晰」「論理を重んじる」「理論家肌」といった表現が当てはまることが多い。たいていは熱心な読書家で、言葉を慎重に選ぶ。データに裏付けられた定量的な議論に心動かされる。一方、社交スキルに長じていることは稀で、感情を抑えようとする傾向が強い。ビジネスに関しては本能的に変化と勝利を追い求め、往々にして、発想や機知の面でライバルに勝ると自負している。

このタイプを突き動かしているのは、イノベーションへの渇望よりも、コントロール権を失うまいとする意識である。著名なところでは、マイケル・デル、ビル・ゲイツ、キャサリン・グラハム、アラン・

グリーンスパン(注5)などがこのタイプといえる。

このタイプは比較データを強く求めるため、説得する側にすれば一筋縄ではいかない。思索者は市場調査や顧客調査、ケーススタディ、費用対効果分析など、できる限りたくさんの情報を収集して、それに基づいて判断を下そうとする。

最も注目するのは、説得者がある論点から別の論点へどのように移行するのか、その手法である。状況をくまなく理解しようと努め、カリスマとは違って、何としてもリスクを避けたいと考える。

説得の際は、懸念事項を率直に伝えることが何よりも望まれる。それというのも思索者の場合、あらかじめリスクを心得ているほうが、その持ち味を存分に発揮できるからである。あらゆるリスクを探り出そうと、次々と質問を繰り出すことも珍しくない。ストレートに訴えてくる議論やプレゼンテーションは、思索者の心を動かすのに効果的である。

興味深いことに、このタイプは非常に厳しい選択眼を持っている半面、その思考プロセスは必ずしも理路整然としているわけではない。たとえば、低いリスクで時間やコストを省けそうな近道を見つけると、意思決定プロセスの一部を飛ばして結論を出してしまったりする。

思索者は苦い経験をけっして忘れない。このような相手に対しては、ベストの内容を提案することに心を砕く必要がある。これは一般的常識だが、思索者を説得する際にはとりわけ強く当てはまる。

いずれ本人が、何が最良の選択肢であるかに気づくため、こちらから結論を指し示すことは避けるのが賢明である。さもなければ「あまりに至れり尽くせりだ。本当に信頼してよいのだろうか」といった疑念を誘いかねない。望ましいのは、十分な時間と余裕を用意して、相手が自分で結論を出すのを待つことである。

会議の席では、しばしばいくつもの矛盾した見解を示して、大きな混乱を引き起こす可能性が高い。心に留めておくべきは、このタイプは手の内を明かそうとしないため、こちらの提示した選択肢のいずれについても、事前に感触をつかみかねるという点である。最終判断が下されるまでその心の内を垣間見ることはできないだろう。

加えて、相手は物思いにふけりがちである。こちらが用意した情報が消化される間、沈黙が流れるかもしれないので心しておくとよい。

有効なキーワードは「品質」「アカデミック」「考える」「数字」「道理にかなっている」「知的」「計画」「専門家」「競争」「証拠」などである。

説得術：思索者を説得する

フラッドは心の底からわかった。思索者であるノーランを説得するには、できる限り多くのデータ、事実、数字を用意しなければならないと。そこでフラッドは、ノーランがすべてを理解できるよう、十分な期間を置いて大量のデータを示すのが得策であると考えた。具体的には、二回に分けてプレゼンテーションすることを決めた。

一回目は、口火を切るなり、なぜ組織を改編すべきなのか、その理由を熱弁した。なかんずく力点を置いたのは「このまま座したままでは、競合他社に顧客を奪われる」ことである（面白い点を指摘しておきたい。「何もせずにいた場合のリスク」は、カリスマを説得する時には最後まで残しておくべき情報である。カリスマへのプレゼンテーションの場合、その内容の順序が思索者へのそれとはほぼ正反対となる）。

次にフラッドは、これら三つの組織改編案へたどり着いた理由に話題を移した。データの収集・評価方法を詳しく説明すると、ノーランはすかさず「プロセスに漏れがあるのではないか」「仮説は本当に正しいのか」と切り込んできた。

これはフラッドにとって、幸先のよい兆候といえる。ノーランはフラッドの手法を受け入れているのだ。

フラッドはオプションそれぞれのメリット・デメリットに触れ、業界、時期ともさまざまな類似事例を紹介した。成功と失敗の事例がおよそ半々。うまくいった理由、あるいは挫折した理由を解説し、そこから組織改編を実施する際の注意点――望ましい進め方、避けるべき進め方――をホワイトボードに書き出した。ノーランもすぐに自分の意見を補足した。

ノーランは矢継ぎ早にさまざまな質問を浴びせてきたが、プレゼンテーションを終えるまでフラッドは少しもひるまなかった。攻撃されているのがプロセスやデータであって、自分自身ではないことがわかっていたからである。

彼女は、データの一部に曖昧さや矛盾があること、直感だけを頼りにした仮説があること、説得力に欠けるロジックがあることなどを実に率直に認めた。

フラッドとノーランは意見を交わしながらプレゼンテーションを発展させていった。たとえば、フラッドが成功確率を六〇%としたのに対して、ノーランが五〇%と訂正するというように。

こうして一回目の会議が終わると、フラッドは次回に向けてTo－Doリストを作成し、データの補充や論理の補強が必要な点を挙げていった。ノーランも優先順位付けのアドバイスをしてくれた。しばしば、「これに関しては、十分なデータは得られないだろう。自分たちの勘を信じよう」などと言いながら。

そして迎えた二回目の会議。フラッドは前回の模様を簡潔に振り返り、ノーランから問い質されていた点にすべて訂正や解説を施した。ノーランは自分の知らない間に内容が変わっているのを嫌うため、フラッドは前回との違い、たとえばデータを更新した箇所などについては、その旨を明言するように心がけた。

次に最新情報を用いながら、最適な組織改編案にたどり着いた経緯を説明した。リスクを許容範囲に収めながら、成果を引き出せる可能性を最大化した旨も述べた。そして結びに、改編に伴うコストと増益の予測値を示した。

会議の終了後、フラッドはノーランが判断を下すのを気長に待つつもりでいる。数カ月とはいかないまでも、数週間は要するだろう。

タイプ❸懐疑主義者

全体の一九%を占める。あらゆるデータに疑念を持ち、自身の世界観に反する情報にはとりわけ身構える。

懐疑主義者の特徴として最も顕著なのは、極めて個性が強いという点だろう。

要求水準が高く、軋轢を避けようとせず、周囲を不快感に陥れることを意に介さず、抵抗心を露わにする。それどころか、反社会的ですらありうる。その姿勢は攻撃的あるいはほとんど戦闘的とすらいえるだろう。

いずれにせよ、ワンマンマネジャーと呼べる存在である。自分の考えに没頭して、感情の赴くままに行動する傾向が強い。スティーブ・ケース、(注6)ローレンス・エリソン、トム・シーベル(注7)などが典型例である。

このタイプの人々は、プレゼンテーションを受けている最中でも中座したり電話に出たりすることがある。あるいは無関係な話題に興じて、なかなかプレゼンテーションに注意を戻さないことすら考えられる。説得には多大な時間とエネルギーを要し、ことあるごとに反論される。そして次々と質問を浴びせられる。

しかも思索者とは違って、懐疑主義者は個人攻撃を仕掛けてくる。しかしこの挑発に乗ってはいけない。あくまでも筋道立てて粛々とプレゼンテーションを進めるのである。

ありがたいことに、懐疑主義者の心の内はすぐ見て取れる。何しろはっきりした性格であるため、自然と言葉に表れるからだ。

このタイプを説得するには、とにかく高い信頼を勝ち取ることである。彼ら彼女らは、同窓生、あるいはかつて同じ企業に在籍したなど、自分と共通点を持った人たちに信頼を寄せる傾向が強い。説得を始めるまでには、信頼を勝ち取る道を何としても見出しておくことである。相手が信頼する人物に口添えを頼むのもよいだろう。そのような下地づくりをしておけば、相手を立てながらも、率直で対等な議論を展開することができる。

信頼は同僚などの助けを借りれば引き寄せることができるが、最終的には自分自身の実力で勝ち取らなくてはならない。そして揺るぎない信頼を築くには、物事を徹底的に疑おうとする姿勢が欠かせないだろう。

懐疑主義者に反論するのはリスクが高いため、慎重を期さなければならない。主張を展開する際、相手が拠りどころとしている情報を訂正しなければならない場合もあるだろう。

懐疑主義者が、たとえば「R&Dコストが累乗的に増えており、コントロール不能に陥っている」と適切でないコメントをしたら、こんなふうに切り返すのである。

「私の記憶力を確認しておられるのですね。そうですね、二、三カ月前だったでしょうか。『革新性の面で再び市場をリードできるよう、投資を増やさなければならない』とおっしゃっていました。もしかすると、お考えを変えられたのですか」

相手をいさめる時にも、面子を潰すようなことは御法度である。名声やプライドを守れなければ、懐疑主義者はこちらを信頼してくれない。

そして忘れてはならないのは、このタイプは周囲から手を差し伸べられるのを好まないということである。「あの人はいろいろなことを知っている」と見られたいのだ。

「このような相手の心を動かすのは並大抵のことではなさそうだ」と思えるかもしれないが、説得のプロセスは実は単純極まりない。

懐疑主義者は独創的なアイデアを実現したいと考えているが、まずは十全の信頼を置く人々からそのようなアイデアを出してほしいのである。

判断のスピードには目を見張るものがある。電光石火とはいかないまでも、その日のうちには答えを出すだろう。

プレゼンテーションには「フィーリング」「つかみ取る」「影響力」「アクション」「裏の裏まで読む」「信頼」「好ましい」「差し迫った必要」「常識を超えた」といったフレーズをところどころに織り込むとよいだろう。

説得術：懐疑主義者を説得する

フラッドは、直接ノーランに組織改編の必要性を訴えるには、誰かの影響力を借りることが欠かせないとわかっていた。

そこで、ノーランの信頼が厚いCOOのジャック・ワーニアーズに力添えを求め、一緒にプレゼンテーションしてもらうことにした。

こうすればフラッド自身の説明内容にも箔がつくと考えたのである。事前に打ち合わせ、説得のポイント、組織改編案、議論の余地のあるデータなどはワーニアーズから説明することで合意した。

会議では、思索者に対する要領とほぼ同じに論を展開したが、ノーランが懐疑主義者であることを意識して、すべての情報が信頼できる筋からのものであることを強調した。ノーランにはいくつもの確かな情報源から話をする必要があり、その数は多ければ多いほどよかった。

そこで、最近の市場調査に関して、ノーランにこんなふうに語りかけた。

「僭越ではありますが、市場調査の専門家と電話でお話しいただく機会を設けました。調査結果について詳しくお聞きください」

ノーランが懸念を示した場合には、ワーニアーズとフラッドがそのつど、間髪を入れずに解消に動いた。ノーランはビル・ゲイツを尊敬している。そこでフラッドはノーランの追及をこうかわした。

「おっしゃることはわかります。けれども、マイクロソフトも同じような取り組みをしましたよね。二年ほど前だったでしょうか」

フラッドとワーニアーズの二人は、ノーランの自尊心を傷つけないように気を遣い続けた。

他社の事例に話を移す際にも、「すでにご存じだとは思いますが……」「ご案内のように、ヒューレット・パッカードが組織改編の際に暗礁に乗り上げたのは……」などと慎重に言葉を選んだ。

事例の説明では気を利かせて、組織改編によって各社のイメージや名声が高まったのかどうかについても触れた。

ノーランは、抽象的な提案にはとりわけ警戒心を強くする。そこでフラッドとワーニアーズは、実例を引き合いに出しながら、できるだけ具体的に論旨を展開していった。二〇〇人の社員を別のオフィスに移す件に関しても、かなり踏み込んだ説明をしている。

「ここハンター通りのオフィスは閉鎖して、隣接する駐車場とともに賃貸に回すことになります。融通の利くユニットタイプのフロアレイアウトを活かして、インキュベーション施設に衣替えしてもよいかもしれません」

プレゼンテーションが終わりに近づくと、あまのじゃくなノーランの関心を引くために、この組織改編がいかに業界のトレンドに反するものであるかを力説した。そしてノーランの考え方を持ち上げることも忘れなかった。

「前回の経営委員会で、アドバイスをくださいましたよね。お客様との絆をけっして失ってはいけないと。その言葉がヒントとなって、今回の組織改編案が浮かんだのです」

締めくくりには、アクションプランを、具体的なスケジュールとともに提案した。すると、ノーランが言葉を引き継いだ。

タイプ❹追随者

全体の三六％を占める。以前に類似の事例で自分がどのように判断を下したか、信頼する人々はどのように考えるかを基準に置く。

追随者は誤った判断を下すことを恐れるため、斬新な施策を取り入れることは稀である。むしろリスクの小ささに着目して、有名ブランドや低コストの提案などを好む。また、第三者の視点から発想するのを非常に得意としている。

面白いのは、慎重さを身上としているにもかかわらず、時として気ままな振る舞いを見せることである。最大の特徴は、自分の判断に強く責任を負う点である。このためだろう、追随者は大企業に多い。事実、このタイプは調査対象の三分の一以上と、五つのタイプの中で最大勢力だった。著名な例としては、ピーター・クアーズ、[注8]ダグラス・ダフト、[注9]カーリー・フィオリーナ[注10]などが挙げられる。

追随者を説得しようとすると、多数の課題を突き付けられ、繰り返し反論される（この点では懐疑主義者に相通じるものがある）。

しかし慌ててはいけない。このタイプは、前例のあることにしか賛成しないのだが、自身ではそのことを認めようとしない。それどころか、他に追随する傾向があることすら認めようとせず、むしろ革新性や先見性をアピールする。懐疑主義者と誤解されることも少なくない。

しかし、本来追随者は疑り深いわけではなく、周囲の力を借りて、物事をよりよく理解できるようになりたいと考えている。自分が主導権を握ろうとするが、反論には屈しやすい。一般論として、いずれのタイプにも当てはまらないように思える人々は、たいていが追随者である。他の四つのタイプと違って、特徴をつかみにくい。

このように、追随者は往々にして最もタイプを見分けにくいが、説得するのは、ツボさえ押さえておけば極めて容易である。

追随者から納得を引き出すには、すでに成功例があることを示し、判断に自信を持たせてあげればよいのである。当然のことだが、このタイプは実績のある方法に惹かれがちで、証拠やほかからの推薦は有効な説得材料となる。

追随者を説得する際は、自分自身をアピールすることは――輝かしい実績があれば別だが――差し控えるべきである。それよりも、相手が過去に下した判断や、彼ら彼女らが信頼する人々の判断を援用するのが望ましい。

追随者が好むのは「革新的だが実績を持つ」「斬新ではあるが信頼性が高い」「先進的だがリスクが低い」といった特徴を持った解決策である。

もっとも、自分のポストを守ることが最優先であるため、独創性の高い決断を下すことは少ない。追随者の中には、こちらで先に成功例を用意しない限り、けっして大胆な決断をしない人々もいる。

説得には次のようなキーワードが有効だろう。「革新的」「速やかに」「輝かしい」「前例の踏襲」「専門性」「～に倣って」「以前の」「実績」「伝統」などである。

説得術：追随者を説得する

フラッドは自分の使命をよく心得ている。「組織改編はリスクが極めて小さい」とノーランに安心してもらうことである。確実に「イエス」を引き出すには、合わせて「自分がやろうとしているのは先進的な施策である」と感じてもらわなければならない。

プレゼンテーションの進め方――テーマの並べ方――は、思索者や懐疑主義者を説得する場合とほぼ同じである。

ただし、今回は相手が追随者であるため、事例を充実させて、全部で八つの事例を織り交ぜた。事例に関する議論はノーランをとりわけ強く引き込んだ。それというのも、いかにも追随者らしく、彼も他者の視点に立った発想を得意としているのである。

フラッドは失敗例には言及しないという作戦を立てた。ただし、尋ねられた場合に備えて情報は揃えてある。八つの事例はすべて他業種から選んだ。「この種の組織改編は業界初ですよ」と述べて、「革新的でありたい」というノーランの気持ちをくすぐろうという狙いである。

次にフラッドは三つの改編プランを提示して、各プランに事例を交えながら説明した。自分の勧めるプラン三にノーランの関心を向けさせるために、このプランに類似した事例を四つほど紹介したが、他のプランの事例は二つずつ示しただけである。

ノーランが「プラン一が最も低コストではないか」と指摘すると、フラッドは詳しい分析を示しながら、リスクを加味した後では、実績の高いプラン三が最もコストが低いことを明らかにした。

三つのプランを提示するというのは、単にノーランに選択の機会を提供するだけでなく、工夫の余地を生み出すことにもなる。事実、ノーランはフラッドが予想した通り、三つのプランからそれぞれのメリットを取り出して組み合わせることを考えた。

フラッドはフラッドで、各プランの細かい違いを説明することで、三プランを組み合わせるように仕向けた節がある。ノーランにすれば、実績のあるプランを融合させるというのは願ったりかなったりである。大きなリスクを冒すことなく、創造性を発揮できるのだから。

このようなノーランに対して、フラッドは最後に念押しをした。創意工夫と低リスクをともに追求しようとする彼にこう訴えかけたのである。

「類似の組織改編は他社もすでに行っています。ですが、当社のほうがノウハウに優れていますから、スピーディに、しかも低コストで実現できるでしょう。メリットとデメリットも見えていますので、無用なリスクは避けられます」

フラッドにはわかっている。追随者は、非常に魅力的な選択肢を示されない限り、現状維持を好むのである。ノーランが他社の成功事例に熱心に聞き入っていたことから、結論はこの数日中にも出されるだろう。成功の可能性が高く、リスクが低いと見て取ると、追随者は迅速に動くからだ。

タイプ❺コントローラー

マネジャーのおよそ九%を占める。不確実性や曖昧さを嫌い、純然たる事実や分析に注意を向ける。恐れや不安を抱えており、それらに縛られると同時に突き動かされている。

「論理的」「感情に流されない」「判断力に優れる」「詳細を気にする」「的確」「分析的」「客観的」――。コントローラーの評価は、おおよそこんなところだろう。

懐疑主義者と同様、往々にして強い個性を放ち、人によっては尊大ですらある。セールスマン、マーケター、あるいは戦略立案者として、自分こそが最も優れていると考えている。

追随者が第三者の視点に立つのを得意としているが、コントローラーはあくまでも自分流を貫く。そしてしばしば不用意に考えを述べたり判断を下したりして、周りの者の心を遠ざけてしまう。個人主義的で自分の考えに没頭することも珍しくないため、一面的な判断を下すことになる。

仮に周囲に意見を求めたとしても、心から耳を傾けることも、アドバイスを取り入れることも稀である。ジャック・ナッサー(注11)、ロス・ペロー(注12)、マーサ・スチュワート(注13)などが代表例といえるだろう。

コントローラーを説得する際は、その心に巣食う恐怖心にうまく対処しなければならない。本人たちは内心に恐れを抱いていることを隠すために、方法やプロセス細部に極端なまでに執着する。

このタイプの心を動かすのは、言わば「根比べ」のようなもので、求めに応じてたびたび情報を提出しなければならない。

会議では、コントローラーが自分一人の世界に浸りがちであるため、長い沈黙が訪れても慌てないように心の準備をしておくことである。合わせて覚えておくとよいのは、彼ら彼女らはたとえ追い詰められても、すすんで非を認めることはまずないという点だ。

さらに、正確性や事実を求めてはいるが、必ずしも合理的な判断を下すとは限らず、それどころか、非合理な結論を下すことも少なくない。しかもカリスマとは異なり、自分の判断に責任を負うまいとする。何かうまくいかないことがあると、他に責任を転嫁しようとするのである。

コントローラーを説得するには、信頼性の高い内容を、筋道立ててしかもストレートに話すように心がけることだ。相手は細かい情報を求めるが、専門家の述べることにしか耳を貸そうとしない。

このような人々から納得を引き出すには、実際のところ、こちらの考えを売り込まないようにするのが唯一の有効な手立てである。こちらから売り込むのではなく、向こうで選んでもらうのだ。最善策は、相手の求めに応じてただ情報を提供し、後は本人が納得するのを待つことである。

コントローラーと懐疑主義者には共通の資質がいくつもあるが、大きな相違点として、意思決定に時間をかけることが挙げられる(判断を急かされるのを嫌う)。懐疑主義者に比べて判断スピードははるかに遅い。

何としても避けなければならないのは、こちらのアイデアを熱心に売り込むことである。この禁を破ると、知恵袋どころか、要注意人物と見なされてしまう。

局面の打開に役立つフレーズは以下の通りである。「詳細」「事実」「理由」「ロジック」「影響力」「操作」「実質を伴う」「つかみ取る」「誠実に進める」「前進あるのみ」などだろう。

説得術:コントローラーを説得する

ノーランが自分のアイデアしか実行しようとしないことは、あまりによく知られている。フラッドも、組織改編プランについて、ノーランに彼自身のアイデアであるかのように思ってもらう必要があった。

そこで、長期戦の構えに入ることにした。何カ月にもわたって、顧客リポート、市場調査、財務予測などを、紙媒体、ビデオ、ウェブなどさまざまな方法でこまめに提出し続けたのである。みずから届けに赴いたこともある。豊富な情報を次々と届けることで、ノーランの警戒を解き、後は判断を下すだけ、という状況を整えたのだ。

まず重視したのは、自社の問題点を示すデータである。ケーススタディやその他のデータは大きな意味を持たないことがわかっていた。

ノーランにメモを届けると、他の情報を求められることが多いのだが、さほど本質的でない情報を求められ、首を傾げることもあった。フラッドは忠実に情報を届けるが、ノーランには目を通してもらえないかもしれないと予想していた。

このようにして四カ月が経つと、フラッドはプレゼンテーションを実施したいとの誘惑にかられるようになったが、何とか思い留まった。あくまでもノーランから声がかかるのを待たなければならないのだ。それまでは、従来通り熱心に情報を届け続けるのである。その際、整然としたわかりやすい形式を心がける。メモは通常、こう書き出す。

「最近の顧客調査を添付します。他の資料との関係は、以下にご説明する通りです」

データに明らかな矛盾があることも鋭く指摘したが、あえて解答は示さずにおいた。ノーランの性格として、自分で答えを見出そうとするからである。そこでこう記すだけに留めた。

「ウォーカー・コンサルティングの最新の調査結果をお届けします。昨年の依頼調査とは矛盾するようです。どちらを信じるべきなのでしょうか」

そして、とうとう最大の得意先を他社に奪われるという事態が起こり、それを契機に状況は動いた。フラッドが辛抱強く、たゆまずに注意を促してきたおかげで、ノーランは最近の出来事に神経をとがらせるようになっていた。

そこで彼は上層部による会議を招集して、社の取るべき方策について話し合うことにした。組織改編もその俎上に載ることだろう。

以上、意思決定のパターンに着目してマネジャーを五つのタイプに分類したが、その一部については「軽蔑につながるのではないか」という批判があるかもしれない。追随者やコントローラーなどと烙印を押されて嬉しい人はいないだろう。

しかし我々は、意思決定スタイルに優劣をつけようとしているわけではない。各タイプの呼称にしても、それぞれの特徴をごく簡潔に表現したにすぎない。どのタイプも、特定の状況の下では目覚ましい成果を上げる。

追随者は責任感が強いため、伝統ある大企業では優れたリーダーシップを発揮するだろう。コントローラーの中からもマーサ・スチュワートのような辣腕マネジャーが輩出されている。

人々が結論を導き出すまでのプロセスは複雑で、多くの謎に包まれている。それをいたずらに単純化しようという意図はない。意思決定が複雑多岐なプロセスであることは間違いない。いくら研究を重ねても完全に理解することは不可能だろう。

それでも、そこには何らかの法則性が存在するのではなかろうか。我々はそう確信している。意思決定者が各ステージでどのような情報を望んでいるかをタイプ別に押さえておくと、説得に成功し、提案が通る可能性を飛躍的に高められるはずである。

もあえて下す用意があるのかどうか、周囲に情報やアドバイスを求めようとするのかどうかなどを述べてもらったのである。

そのデータをクラスター分析したところ、5つの意思決定タイプが導き出された（下表参照）。結果の正確性——たとえば、「全体の25%が『カリスマ』である」という結果データの正確性はプラス・マイナス2.9%である。各カテゴリーには代表的経営者を示してあるが、主に本人たちと交流したうえで、このように分類している。ただし、一部についてはメディア報道など2次的データをもとにした。

懐疑主義者	追随者	コントローラー
全体に占める比率は19%。あらゆるデータに疑いの目を向け、とりわけ自身の世界観に反する情報には強い警戒感を抱く。往々にして攻撃的、あるいは戦闘的とすら見える姿勢を取るため、「ワンマン経営者」と評されることが多い。	全体の36%に当たる。類似の状況で過去に自分がどのような意思決定を下したか、あるいは腹心の部下たちがどのように判断するのかを参考にする。リスクを避けようとする傾向が強い。	全体の9%。不確実性や曖昧さを嫌い、純然たる事実と分析にのみ関心を向ける。
要求水準が高い、型破り、付き合いにくい、革命児タイプ	責任感が強い、石橋を叩いて渡る、ブランドを重んじる、コスト意識が強い	論理的、常時平静、鋭敏、細部へのこだわりが強い、分析志向が強い、正確
スティーブ・ケース、ローレンス・エリソン、トム・シーベル	ピーター・クアーズ、ダグラス・ダフト、カーリー・フィオリーナ	ジャック・ナッサー、ロス・ペロー、マーサ・スチュワート
感じ取る、つかみ取る、影響力、実践、真実を探る、信頼、要求、常識を覆す	イノベーションを実現する、スピーディに、専門性、～に倣って、先例	詳細、事実、根拠、論理、影響力、統制、実質を伴った、つかみ取る、実行あるのみ
できる限りの信頼を勝ち取るように、手を尽くすべきである。いまだ十分な信任を得ていないなら、プレゼンテーションの当日までに対策を講じておく必要がある。説得相手の覚えがめでたい人物に力添えをしてもらうのもよいだろう。	「追随者」は実績のある方法に強い関心を示すため、先例やお墨付きは心強い説得材料となる。このタイプは「自分の判断は正しい」と思えないと落ち着かず、こちらが過去の成功事例などを示すと安心する。	理路整然とした説明によって信頼を築かなければならない。「コントローラー」は詳細を把握しようとするが、専門家による説明でなければ納得しない。提案内容を売り込みすぎるのは逆効果になりかねない。最も望ましいのは、求めに応じて情報を揃え、後は本人が納得するのを待つことである。

図表**2**｜**説得相手別「攻略法」**

筆者たちの調査によれば、経営者はその意思決定スタイルによって「カリスマ」「思索者」「懐疑主義者」「追随者」「コントローラー」の5つのタイプに分けられる。

筆者たちが所属するミラー・ウィリアムズでは、1999年1月から2001年6月（2年と6カ月）にかけて、1684人の経営者を対象に、その意思決定プロセスについて調査した。自動車、小売り、ハイテクなど多彩な業種の経営者に、メール、面会、電話などの方法でアンケートとインタビューを実施したのである。その際、調査対象者たちにみずからの意思決定プロセスの特徴を振り返ってもらった。具体的には、判断を下すのにどのくらいの時間を要するか、マイナスの結果につながりかねない意思決定で

	カリスマ	思索者
説明	調査対象の25％を占める。新しいアイデアに出合うとすぐに心惹かれ、夢中になる。しかしこれまでの経験から、好き嫌いではなく、多彩な情報に基づいて最終判断を下すべきであると心得ている。	全体の11％を占め、5つのタイプの中で最も手強い。データで裏付られた議論に大きな関心を示す。リスクを避けようとする傾向が極めて強く、時間をかけて判断を下す。
主な特徴	情熱家、カリスマ的な魅力を持つ、饒舌、力で他を圧倒する	思慮深い、知的、論理的、学者肌
代表例	リチャード・ブランソン、 リー・アイアコッカ、 ハーブ・ケレハー	マイケル・デル、 ビル・ゲイツ、 キャサリン・グラハム
説得のキーワード	成果につながる、実績がある、行動や表情で示す、注目する、容易に実現できる、明快、フォーカス	品質、アカデミック、よく考える、数値・業績データ、知的、プラン、専門家、証拠
説得の秘訣	「カリスマ」がアイデアに心奪われたとしても、こちらは興奮の渦に巻き込まれることを避けなければならない。あくまでも成果に焦点を当てながら説得を進めるのである。議論の際にはわかりやすさと率直さを前面に押し出すとよい。提案内容の特徴やメリットについては、図表などを用いてビジュアルに訴えると、高い効果が期待できる。	何よりもまず、豊富なデータで武装することが肝心。「思索者」は市場調査や顧客調査、ケーススタディ、費用対効果分析など、ありとあらゆる情報を求め、提案内容をすべての角度から理解しようとする。

【注】

(1)カール・グスタフ・ユングの性格理論に基づいて米国で開発された性格分析手法。
(2)クライスラー元会長兼CEO。
(3)サウスウエスト航空CEO。
(4)米国の大物テレビ司会者。
(5)FRB(連邦準備制度理事会)議長。
(6)アメリカ・オンライン会長兼CEO。
(7)シーベル・システムズ会長兼CEO。
(8)ビール会社のクアーズ・ブリューイング・カンパニー会長。
(9)コカ・コーラ会長兼CEO。
(10)ヒューレット・パッカード会長兼CEO。
(11)フォード・モーター前社長兼CEO。
(12)ペロー・システムズ会長。一九九二年の大統領選に出馬し、善戦して話題になった。
(13)スムーズな家事のアイデアなど、女性へのライフスタイルの提案で知られ、生活雑貨のブランドを起こした。

第**3**章

説得力の思考技術

南カリフォルニア大学 マーシャルスクール・オブ・ビジネス 教授
ジェイ・オールデン・コンガー

"The Necessary Art of Persuation"
Harvard Business Review, May-June 1998.
邦訳「説得力の思考技術」
『DIAMONDハーバード・ビジネス・レビュー』2001年9月号

ジェイ・オールデン・コンガー
(Jay Alden Conger)
南カリフォルニア大学マーシャルスクール・オブ・ビジネス教授。リーダーシップならびに組織行動学を専門に研究しており、同校のリーダーシップ・インスティテュート会長を務める。著書に*Charismatic Leader*, Jossey-Bass, 1989.(邦訳『カリスマ的リーダーシップ』流通科学大学出版、1999年)、*Learning to Lead*, Jossey-Bass, 1994.、*Winning' Em Over*, Simon and Schuster, 1998.、*Corporate Boards*, John Wiley & Sons, 2001. などがある。

説得のスキルが脱C&Cリーダーシップのカギ

ビジネスパーソンはいまこそ「説得術」を学ぶべきである。上司が上意下達に管理・命令する、いわゆる「C&C」(コントロール・アンド・コマンド)の時代は幕を閉じつつある。

今日のビジネスの主体は、対等な個人が集まって構成する「クロスファンクショナルチーム」(部門横断的組織)であり、またそのメンバーたちはベビーブーマー(米国ではおおむね一九四六〜六四年生まれ)であり、またその子どもたちであるX世代なのだ。

この世代の人たちは頭ごなしの命令に従ったりしない。加えて、インターネットの普及やグローバリゼーションの進展によって、人材はますます流動化し、知識や情報の流通は組織の壁を超えて活発化している。

そしてビジネス上の意思決定は、顧客や市場に密接して下されるようになった。その結果、伝統的な組織ヒエラルキーは意味を失いつつある。

このような根本的な変化が現実化するまで一〇年以上の歳月が必要だったが、いまや経済構造の一部と化してすっかり定着している。仕事をきちんとさせるには、「何をすべきか」だけでなく、「なぜすべきか」について答えられなければならない。

この疑問に的確に回答すること、これこそ「説得」である。にもかかわらず、説得の意味を誤解しているビジネスパーソンが大半である。その効果を活かし切れないビジネスパーソンの数はさらに多い。なぜだろう。

説得とは、商品を売り込んだり、取引を成立させたりするための「奥の手」と勘違いしているからだ。また一部には、「体のよいごまかしにすぎず、概してよこしまな手段であり、できる限り避けなければならない」と考える向きもいる。

さまざまな営業の場面で説得が利用されているのは確かだ。また、相手を操るために悪用されるおそれも否定できない。しかし、前向きな気持ちでトレーニングに励み、その可能性を最大限に引き出せれば、押し売りよりも効果は高く、欺く行為とはまったく正反対の結果を引き出せる。

効果的な説得とは「交渉と学習のプロセス」にほかならない。このプロセスを経て、社内外の仲間を共通の解決策へと導いていくべきだろう。

たしかに説得のためには、異なる考え方へ相手を導く努力が必要になるが、それは懇願したり、丸め込んだりすることではない。入念に準備し、議論のシナリオを立て、具体的な論拠を提示する。そして、相手の気持ちを効果的に動かすにはどうすればよいのか工夫を凝らす。これが、説得のプロセスなのだ。言うまでもなく、効果的な説得は難しく、時間もかかる。しかし、C&C型のマネジメントモデルよりも大きな効果を発揮する。

アライドシグナルの元会長兼CEOであるラリー・ボシディはこう言う。

「叫んだり、わめいたり、相手をやっつけたりすれば、自分のパフォーマンスを高められるという時代は終わった。信頼関係を築いたうえで、なぜ考え方を変える必要があるのか、どうすれば変えることができるのか、それを教えなければならない。とにかく以上のことを実行してみよ。そうすれば、おのずと扉は開かれるだろう」

これこそ説得のスキルが求められる理由である。そして、ビジネスリーダーには必要不可欠なコミュニケーション手法であり、これまで以上にその重要性が高まっている。

ここで、あなた自身が説得という行為をどのように定義しているのか、ちょっと考えてみてほしい。もし読者諸氏が、これまで筆者が出会ったビジネスパーソンの大半と同じような考え方をしているとすれば、説得は比較的単純なプロセスと考えているはずだ（**章末**「一二年間の体験」を参照）。まず自分の立場を強く主張する。次にその根拠を示し、データに基づきながら説明し、相手に有無を言わせない。最後に約束を交わして終了する。

言い換えると、けっして諦めることなく、理屈をこねまくり、相手に「名案」を押し付けるのである。ただし、この方法の場合、説得は間違いなく失敗する（**章末**「説得を失敗させる四つの原因」を参照）。

では、説得を成功させる要件とは何か。繰り返すが、説得は交渉と学習のプロセスである。このプロセスは大まかに三つに分かれる。

❶発見
❷準備
❸対話

相手のことを知る、自分が主張したいことを把握するなど（①）、説得の準備には数週間、あるいは数カ月かかる場合もある。

説得上手の人は、話を始めてもいないうちに、あらゆる角度から自分の考え方を検討する（②）。たとえば、時間的にも金銭的にも、どのような投資を相手から引き出さなければならないのか。論拠の弱点はどこか。ほかに検討すべき点は何か、など——。

ちょっとした対話は説得の前、あるいは説得の最中にも必要である（③）。説得上手な人の場合、説得を始める前に、相手の意見や関心事、考え方に関する情報を収集するために相手と対話する。

この情報収集手段である対話は説得の最中にまで及ぶ場合もあるが、この時点における対話は交渉の始まりを意味する。見解の長所について議論あるいは討議しながら、相手から別の方法を提案してもらうなど、率直に各人の意見を述べてもらう。

この方法だと、目標の達成に時間がかかりすぎるように思われるかもしれない。しかし効果的な説得は、相手の関心事や必要性と照らし合わせながら、見解をテストしたり、見直したりしながら進められるものだ。事実、説得力にあふれる人は、他人の意見を聞くだけでなく、その考え方を取り入れた解決策を提示し、それを共有しているものだ。

言い換えると、説得に妥協は必然である。それどころか、妥協が不可欠といっても過言ではない。説得上手の人のほとんどに共通する特徴がある。すなわち、相手に対して寛大であり、けっして独善的でない。またそのように思われるのは先の理由のためだろう。みずからの考えを調整し、他人のそれを取り入れる心構えをしてから説得を始めるからだ。実際、このアプローチは相手を納得させられる可能性が高い。

相手の意見に熱心に耳を傾け、相手の必要性や関心事に応じて軌道修正しようという肯定的な態度を示すと、相手も同じような反応を返してくる。その結果、相手からの信頼が高まり、説得者はより相手の話に注意深く耳を貸すようになる。

さらに、相手の気持ちにある、「足元をすくわれるのではないか」「丸め込まれるのではないか」という懸念も次第に消えていく。このように説得者の柔軟性に気づくと、相手も自発的に犠牲を払うようになる。

このようにダイナミックなプロセスが説得である。説得の達人は、賢明な妥協策を用意してから説得に入ることが多い。

説得に不可欠な四ステップ

効果的な説得は、次の四ステップから成る。

❶信用を確立する。
❷相手と見解が一致するところに目標を設定する。
❸わかりやすい言葉と納得性の高い証拠を用いながら、そのような見解に至った論拠を述べる。

❹聞き手と感情的につながる。

筆者の調査に対して、ある幹部社員の一人が次のように答えている。「どのように説明するかは、考え方の中身と同じくらい重要です。これは、私が長年かかってたどり着いた、説得にまつわる貴重な教訓です。それどころか、説明の仕方のほうが重要だと私は思っています」

❶信用を確立する

説得者が乗り越えなければならない最初のハードルは、自分を信頼してもらうことである。新しい意見、従来とは異なる意見を主張する場合、「この人の考え方や意見は信用できるのだろうか」という疑問は当然の反応だ。相手にすれば、新しい何かを始めるには、時間と資源を投資しなければならない。すなわち、説得を受け入れることはリスク（不確実性）の高い行為なのだ。

したがって、説得者は信用度の高い人物でなければならない。我々の調査によると、ミドルマネジャーの大半が自分自身の信用度を過大評価している。しかも、現実とのギャップがはなはだしいという結果も浮き彫りになっている。

職場内から信用を取り付けるには、「専門知識」と「良好な人間関係」の二つが欠かせない。

着実な判断力と豊富な知識に基づいて提案していることがきちんと証明されれば、その人は高水準の専門知識を持っているという評価を受けるようになるだろう。

たとえば、新商品のアイデアを提案し、その説得に成功するには、仕様やターゲット市場、顧客、競合商品など、ありとあらゆる関連知識を総動員していると見られる必要がある。過去に成功した経歴があれば、いっそう高く評価されよう。

我々が調査したあるシニアマネジャーは、一四年にわたって効果的な広告キャンペーンを発案してきたという実績を社内外から認められていた。当然のことながら、彼は難なく同僚や部下に自分の考えやアイデアを納得させられた。

別のミドルマネジャーは、五年間に七つの新商品を成功させた実績があった。彼もまた、次の新しいアイデアを提案した時、同僚の支持を取り付けやすかったという。

一方、良好な人間関係を背景とした信用は、人の意見に耳を傾け、他人の利益を最大化させるよう努力する人物と証明されて、初めて形成される。これにもやはり時間がかかる。

このような人物は、感情の起伏が少なく、いつも誠実に対応する。すなわち、感情が極端に揺れ動いたり、矛盾した行動に訴えたりしないと、自他ともに評価される人物である。

説得を試みる際、裏表がなく、そつのない人物だと認められているほうが有利である。このような人物の場合、社内で良好な人間関係が確立されているため、とりわけ事実がはっきりしない場合では、好意的に解釈してもらえやすい。

ここで再び、我々の調査の例を紹介しよう。

ある女性管理職は、非常に信頼できる公正な人物であると同僚たちから評価されており、実際多くの人々から信頼されていた。しかもいつも寛大であり、優れたアイデアが称賛されれば、みんなとそれを分かち合い、スタッフのキャリアパスにも用意周到であった。

その人間関係は揺るぎなく、このため部下や同僚はいつも彼女の提案を真剣かつ前向きに検討していた。

専門知識と良好な人間関係によって信用度が決まるとすれば、説得を始める前に、これら二つの要素について自分はどの程度か、客観的に評価してみることが重要である。

まず一歩下がって、専門知識に関しては次のように自問自答してみる必要がある。

●提案しようと考えている戦略、あるいは商品、変革に関する自分の知識について、他人はどのように評価するか。

●これら各分野について、他人に認められ、尊敬されるような経歴を備えているか。

次に、信用度を評価するには、次のように質問してみる。

●相手は自分のことを、役に立ち、信用できる人物であり、協力的だと評価しているか。

●相手は自分のことを、気持ちの面でも、その問題に関する知識についても、また社内政治的に見ても、同レベルの立場にあると考えているか。

説得者が問題に精通しているだけでは不十分である。最近をよく知る同僚に頼んで、自分の考えをあらかじめ検証しておく必要がある。そこまで準備して、初めて説得者への信用は完璧なものとなる。

先のように自問自答することで、ほとんどの場合、信用の源である専門知識、あるいは人間関係のどちらかに何らかの弱点を発見できるだろう。この場合、欠けている部分は補完しなければならない。

一般的に、専門知識に弱点がある場合、いくつかの選択肢がある。

●公式あるいは非公式の研修に参加したり、あるいは知識豊富な人と交流したりすることで、足りない知識を埋める。また、特定の市場や商品に関する知識が得られるチームに配属を志願したり、みずからOJTを課して経験を積んだりすることも有効である。
●たとえば、業界コンサルタントや大学教授など、世間的に認められている専門家を外部から招聘し、自分の専門知識の強化を図る。どちらも説得者の見解の裏付けとなりそうな知識や経験を提供してくれる可能性がある。同様に、社内の専門家に頼んで自分の見解を擁護してもらうことも一考に値する。彼らに寄せられている信頼は説得者を代弁するものだ。
●高く評価されているビジネス誌、定期刊行物、書籍、報告書、専門家による講義など、社外の情報源をフル活用して自分の見解を裏付けることもできる。

我々の調査によると、アパレル業界のあるシニアマネジャーは自分自身の信用を高めるために、著名な人口統計学者が雑誌に掲載した数件の記事と、市場調査リポート二件を利用した。彼はこの結果、商品ラインすべてを見直し、従来より若年層を重視した商品構成にするよう、上層部を説得することに成功した。

●小規模なパイロットプロジェクトを実施し、自分の専門知識や考え方の価値を披露するのも一策である。

人間関係に関する弱点を補うには、次のような方法がある。

●説得したい相手が複数いる場合、一対一で会って話すよう極力努める。この時、自分の見解を説明するというよりも、むしろ目の前の課題に関する見解全般について概説するように心がける。手間と時間が許せば、相手が直面している問題の解決への支援を申し出るべきだろう。

●説得する相手としかるべき人間関係が築かれており、説得者と同様の考え方を持っている協力者を引き入れる。これもまた、説得者の代理人を探すことを意味する。

どうすればこれらの戦略が奏功するか。それを示すために、大手商業銀行の業務担当主任の例を見てみよう。ここでは彼の名前を、仮にトム・スミスとする。

スミスは新任ながら、会社が難局にあることを経営陣に説得したいと強く思っていた。彼が勤める銀行の職員数は過剰であり、銀行業界の競争が熾烈化すれば、同行のポジションが脅かされるのは必至というのが、スミスの考えだった。

一方、スミスの同僚のほとんどが、現状の深刻さに気づいていなかった。同行は、ここ数年間、好業績が続いており、仮に業界に変化が起こっても大した痛手を受けることはないと、皆考えていたからだ。

スミスには、新任であることに加えて、もう一つの弱点があった。彼がそれまで携わっていた仕事が企業向け財務サービスだったため、リテールバンキングの世界ではよそ者扱いされたのである。

自分の考えを主張するにも、頼りにできる人脈もなく、また市場の差し迫った状況に関する知識はお世辞にも豊富とはいえなかった。当然、行内の評価は推して知るべしである。

信用を得るための第一歩として、スミスは業界内で評判の高い外部コンサルタントを雇った。このコンサルタントは、同行の業務構造は低コストオペレーションにはとうてい耐えられないと問題提起した。このプレゼンテーションは経営陣と議論しながら進められ、ライバル行が営業コストを抑えるためにどのように行動しているのかも説明された。同時に、コスト削減を実施しなければ同行はたちまち大きく取り残されてしまうとも明言された。このプレゼンテーション内容はその後文書として配付され、銀行中で回覧された。

次にスミスは、自分の作戦を成功させるには支店長が重要な役割を果たすという判断に至った。そこで、博識と評され尊敬を集めている人物を引き入れた。この結果、行員たちに自分の懸念にはしかるべき根拠が存在することを示すことになった。

また、ほかの支店長たちとの関係を深めることで、市場に関する専門知識が増えるばかりか、彼らに質問することで自分の仮説が正しいか否かを検証できるとも考えた。

その後、三カ月の間、スミスは自分が担当するカナダ・オンタリオ州にある一三五の支店すべてを訪問して歩いた。各支店を訪問するたびに支店長に会い、同行の長所や短所についてその考え方を聞いた。同時に、ライバルの戦略や顧客動向を直接肌で学習し、サービスの向上とコスト削減のアイデアを集めた。

全支店を回り終えた時、スミスは同行の将来に関して、ＣＥＯですら思い描けない大局観を持っていた。しかもこのプロセスを通じて、何十人という行員との間に人間関係が築かれた。

最後にスミスは、自分の専門知識と能力を示すために社内の注目を集める計画――その規模は小さかったが――に着手した。この時スミスは、モーゲージ事業の成長が遅いことと、その結果、融資担当者の勤労意欲が低下していることを心配していた。

そこで彼は、新規顧客の場合、最初の九〇日間はいっさい支払いの発生しないモーゲージ商品のプログラムを発案した。このプログラムは大成功を収め、すぐさまスミスは、周囲の予想を上回る知識を有した優秀なリテールバンカーであるという評価を受けるようになった。

信用の形成という点で、マイクロソフトの例を見てみよう。

一九九〇年、カレン・フライズ、バリー・リネットという女性二人の商品開発担当マネジャーは、「ユーザーフレンドリーなインターフェース」を特徴とするソフトを発売すれば大ヒットするに違いないと考えた。そこで二人は、アニメーションの人間と動物が使い方を説明するパッケージを構想し始めた。

しかし、マイクロソフト社内では、この構想に即座に懸念が示された。ソフトウェアプログラマーは、かわいらしいキャラクターを軽蔑していたのである。それまでアニメキャラクターといえば、子ども用ソフトウェアでしか使われたことがなく、成人向けのそれでアニメーションを用いることなど想像だにされなかった。

それでも、「迫力満点なうえ、複雑な処理もこなせるこの新商品がヒットしないわけがない」という二人の確信は揺るがなかった。当時、家庭用コンピュータソフトウェア市場はほとんど未開発の状態にあり、当然ソフトウェアに関する基準も少なく、同市場にこのようなイノベーションが早晩訪れるのは時間の問題だと二人にはわかっていたのだ。

フライズは、その対人関係のうまさゆえに社内的に高い信用を得ていた。一九八七年、新卒採用の担当としてマイクロソフトに入社し、多くのシニアマネジャーの直属で働いてきた。彼女は彼らから信用され、かわいがられてもいた。

さらに、商品開発者やプログラム担当マネジャーの採用責任者を務めてもいた。このため彼女は、同社のシニアマネジャー全員と懇意であり、二人の企画を支持してくれそうな人物の多くは彼女みずからが採用した人たちでもあった。

かたや、リネットの強みは専門知識にあった。特に「PCワークス」という革新的な自学自習プログラムの技術に関して明るかった。

ビル・ゲイツのお気に入りで「ウィザード」（魔法使い）というユニークなヘルプ機能が搭載された商品「パブリッシャー」のマネジメントを担当したのも、この二人だった。

しかしこれらの実績も、シニアマネジャーたちに話を聞いてもらうきっかけ程度にすぎない。前向きな反応を引き出すには、二人がしかるべき専門知識を有していることを会社に認めさせる必要があった。

ユーザーフレンドリーなインターフェースを備えたソフトウェアの場合、過去に成功例がまったくないばかりか、二人がこの手のソフトウェアについては素人であることも大きな痛手だった。そこで二人は、自分たちに足りない専門知識を補完するものを探すことにした。

二人が最初に採った方法は賢明だった。技術の権威として社内から尊敬を集めているダーリン・マセーナを引き入れたのである。

二人はマセーナと一緒に、二人がソフトウェア技術を本当に理解しており、制作作業も十分こなせることを示すために試作品をいくつか開発した。その後、この試作品を市場調査にかけたところ、ユーザーから熱狂的な反応があった。

そして、決定的な決め手となったのが、スタンフォード大学教授で人間とコンピュータのインタラクションを専門とする、クリフォード・ナス、ブライオン・リーブスの協力が得られたことである。

ついに二人は、ゲイツをはじめマイクロソフトの経営陣と何回かミーティングすることになり、その中で、漏れなくまとめ上げた調査リポートを全文紹介した。このリポートには、平均的なコンピュータユーザーにとって、ユーザーフレンドリーなインターフェースがどれほど実現できているか、またなぜそのようにすべきなのかについて、子細に記されていた。

さらに、演算能力が大幅に拡大すれば、もっとリアルなアニメキャラクターがつくれるようになると断言し、最後に、エントリー向けソフトウェアに革命をもたらす最先端商品であると締めくくった。

確信を得たゲイツは、商品開発チームの発足を正式に許可し、一九九五年一月、「ＢＯＢ」という商品が発売された。この「ＢＯＢ」は五〇万本以上も売れた。現在同社では、インターネット商品を開発するうえで、この概念や技術を活かしている。

信用は説得を成功させる橋頭堡である。信用がなければ、まともに話を聞いてもらえない。最も望ましいのは、説得者が専門知識と人間関係を背景に、しかるべき信用を得たうえで説得に移ることである。

どちらを背景としていようとも、自力で何とかする方法と、他人の力を借りる方法の二つがあることを忘れてはならない。信用がなければ、次のステップは間違いなく無駄になる。

❷相手と見解が一致するところに目標を設定する

いくら高い信用を得ているからといえ、相手に強く訴える覚悟がなければ説得は難しい。不幸や不愉快な目的地に向かう列車に、承知の上で乗り込む人はまずいない。

巧みな説得術を身につけるには、メリットがはっきりと伝わるように自分の考えを説明できなければならない。世間の親の常套手段だが、子どもにお使いに行かせる最も手っ取り早い方法は、レジのそばにペロペロキャンディが並んでいることを教えてやることだ。これは欺きではない。お使いのメリットを説明する、説得力のある方法にほかならない。

ビジネスの現場では、こうも簡単に説得できるわけではないが、根底にある原則は同じである。本質的に、説得は共通のメリットを見極めるプロセスだからである。

広告代理店のアカウントマネジャー（顧客担当責任者）を務めるモニカ・ルッフォーは、説得力のある説明に長けた人物の好例である。

クライアントである某ファストフードチェーンがカナダで販促キャンペーンを始めようとしていた矢先のことだった。ハンバーガーやフレンチポテト、コーラなどのメニューは、セットにして割引価格で販売することになっていた。

クライアントの本部では、この戦略は理にかなったものだと考えていた。同社の調査によれば、消費者は同社商品が他社商品よりも高いと考えていることが判明しており、そのような印象を払拭することを強く望んでいた。

しかし、フランチャイズ店では好調な売上げが続いており、新たに導入される価格体系が利益に与える短期的な影響を心配していた。

説得の経験の乏しい者であれば、本社の考えをフランチャイズ店に合理的に説明し、とにかくその有効性を納得させようとしていただろう。

しかしルッフォーは、このたびの価格変更がもたらす利益についてフランチャイズ店にわかるよう説明した。つまり、新しいバリューキャンペーンはフランチャイズ店の利益を増大させるものだと説いたのである。

彼女は、これを証明するためにいくつかのデータを引用した。たとえば、テネシー州のパイロットプロジェクトでは、新しい価格体系の下、最も利益率の高いフレンチポテトとドリンクの売上げが著しく伸びた。さらに、米国国内の店舗の八〇%がMサイズのセットを販売したが、フランチャイズ店のフレンチポテトとドリンクの売上げは二六%伸びた。

またルッフォーは、著名な定期刊行物に掲載された調査を引用し、顧客が受け取る価値が一〇%上がると、その小売店の売上げは一%伸びると説明した。彼女は、新しいセット商品が導入されれば、消費者の価値が一〇〇%高まると予測しており、その結果フランチャイズ店の売上げは一〇%成長すると見込んでいた。

彼女はプレゼンテーションの最後に、同社の創始者が何年も前に書いた手紙を紹介した。この手紙は同社が持っている価値を称賛し、その成功におけるフランチャイズ店の重要性を強調した感動的な手紙であった。同時に、低価格を推し進める業界リーダーとしての立場についても強調した。

この手紙に綴られた信念と価値観は、ルッフォーの話を聞いた人々の心に長年にわたって鮮明に残っていたものだった。この手紙に記された言葉をもう一度聞くことで、同社のフランチャイズ店への心配りと、勝利の方程式が再確認されたのである。

聴衆は立ち上がり、称賛の拍手をルッフォーに送った。そしてこの日、フランチャイズ店は、新しい価格システムの導入に満場一致で賛成した。

説得者がその立場を調整する際、まず相手にもたらされる有形の利益を見極めることが非常に重要である。ルッフォーの事例はそのことを如実に物語っている。

そのような利益が簡単に見つかる場合もある。双方に共通する利益が存在している場合がそうだ。しかし、共通の利益がすぐには見つからなかったり、あるいはメリットの乏しい利益だったりする場合もある。

このような場合、説得上手といわれる人はみずからの立場をあっさり修正する。関係者全員にその考え方の利点を強調しなければ、人を引き入れたり、アイデアや計画に協力を仰いだりすることは不可能だと知っているからだ。常にその中心には、相手の理解が据えられている。

我々が出会った説得の達人たちは、説得する前から、相手に関係する問題を綿密に調査している。会話やミーティング、おしゃべりを通じて必要な情報を収集している。人の話を聞くのも上手なのだ。

加えて、親友に聞いてもらい、事前に検証したり、これから説得しようという人々に質問を投げかけたりする。これらのステップは、自分の主張や見解、説得のための証拠などについて再検討するうえで有効である。

このような一連のプロセスを踏まえた結果、説得の前段階で計画を変更したり、あるいは妥協したりすることもよくあることだ。思慮深く質問を繰り返すことで、相手の心に訴える説得のフレームワークができあがる。

次に、ジェットエンジンのプロセスエンジニアリングを担当するマネジャーの事例を検討してみよう。このマネジャーは、航空会社に代わってタービンの定期メンテナンスのワークフローを改善し、所要時間の大幅な削減に成功した。

このアイデアを社長に話す前、彼はエンジニアリング担当バイスプレジデントであり、社長をよく知る自分の親友に相談した。この親友と話をしたところ、社長の関心事はスピードや効率ではなく、収益性だろうという結論に達した。社長の支持を取り付けるには、操業コストを削減し、収益性を短期的に改善するシステムでなければならないと、この親友はアドバイスしてくれた。

これを聞いて、マネジャーは途方に暮れた。彼の計画は効率重視のものであり、しかも追加資金を要求することさえ考えていたからだ。

親友と話した後、彼は突然立場を変えた。そして、新規投資なしでコスト削減できるよう、ワークフローそのものを変えてしまったのである。そのうえで彼は、自分が考案した新システムがもたらすコスト削減と収益性の向上に関する情報を社長に説明し、改善後について披露した。

以上、当初の計画を改めることで、彼は社長を説得し、プロジェクトの許可を取り付けることに成功した。

❸わかりやすい言葉と納得性の高い証拠を用いながら、そのような見解に至った論拠を述べる

信頼を確立し、共通の基盤が見つかったら、次に問題となるのは証拠を提示することである。ただし、ありふれた証拠では意味がない。

我々は、説得上手の人たちの言葉使いにある特徴を見つけた。自分の見方を現実的な解決策と評価してもらうために、数値データを補足するものとして実話や隠喩を用いている。こうすることで、聞き手に明確なイメージを描かせ、説得者の見解は説得力にあふれた具体的な解決策となる。

典型的な説得の場面を思い描いてみよう。説得者は結果が見えない目標や戦略、あるいは新しい計画を提唱していることが多い。

先に紹介したカレン・フライズ、バリー・リネットが会社に望んだのは、新しいソフトウェアパッケージの開発に数百万ドルという資金を投じることだった。しかし、その技術はいまだ確立されておらず、市場の需要も未知数だった。市場調査や業績予測を用いて、二人の主張の正当性を裏付けることも考えられた。

我々の調査によれば、このようなリポートだけでは十分な情報は得られないと感じている人が圧倒的に多い。もしそのようなアプローチであったら、彼女たちの説得は失敗に終わっていただろう。リポー

トはあまりにも抽象的すぎて、意図するところを完全に伝えることも、また印象付けることもできない。そもそも数字だけで人間の感情は動かせない。

数字とは対照的に、実話や活気のある表現は感情に訴える。議論されている状況と似たような状況が登場する場合はなおさら効果的だ。

たとえば、マーケティングマネジャーが、シニアマネジャーに新商品への投資を説得しようとしているとしよう。この場合、同じような投資が大きな利益を稼ぎ出した成功例を挙げるとよい。

実際我々の調査では、類似した事例の説明を受けた聞き手は、ただちにそれを教訓としていることがわかっている。また、聞き手は情報の鮮明さに応じて情報を吸収しているとの結果も出ており、これはもっと重要である。

フライズとリネットの二人は、次のような例え話を用いて「ＢＯＢ」の考え方を説明し、大成功を収めた。これは当然の結果といえる。

「ごちそうを準備するために、まずスーパーマーケットに出かけなければならないと想像してみてください。何でも自由に選べるとしましょう。レシピは知っているし、時間に余裕もあり、世界中のどんな料理をつくってもかまいません。

ところがスーパーに着くと、通路は、『雑貨』あるいは『エスニックフード』『香辛料』といった、ぶっきらぼうな単語だけで書かれた表示であふれ返っていました。典型的なコンピュータインターフェースも、言わばこんな感じです。

問題なのは、塩が香辛料売り場にあるのか、あるいはエスニックフードの棚にあるのか、あるいはポテトチップ売り場の近くにあるのかということです。いまのソフトウェアインターフェースの周辺にはサポートボタンやツールバーなどはありますが、スーパーの通路はラックや壁で囲まれています。

必要なすべての材料を揃えても、料理するにはまた正しい順番に並べ替えなければなりません。料理の達人ならば、おそらくおいしくできあがるでしょう。ですが、初心者ではきっとおいしくないはずです。

我々マイクロソフトも、長年スーパーマーケットのような分類に基づいて営業してきましたが、レストランのようなやり方に変えれば大きなチャンスが開けると思います。我々が現在『ＢＯＢ』でやろうとしているのは、そういうことです。

現在進めているのは、顧客が内容確認に時間を取られないよう、レストランに出かけるような感覚で利用できるソフトウェアの開発です。この場合、必要な機能をまとめるのは、我々の仕事ということになります。ユーザーは座って気楽にしていればよいのです。我々のほうからメニューをお持ちするのですから。

我々が一連の作業を代行すれば、ユーザーはリラックスして待っていればよいだけです。これは楽です。途方に暮れて歩く必要も、材料を一から揃えて料理する必要もまったくなくなるのですから」

フライズとリネットの同僚たちは当然コンピュータ通であり、大半が「ＢＯＢ」が払拭しようというフラストレーション、すなわち数あるメニューから必要な機能を探し出そうとしてなかなか見つからないといった経験とは無縁であった。

二人が「ＢＯＢ」の利点をそのまま説明していれば、彼らの理解は得られなかっただろう。このような例え話を用いたおかげで、「ＢＯＢ」の目的は具体的になり、相手の記憶にも刻み込まれたのである。

説得の達人であり、またメアリー・ケイ・コスメティクスの創始者、メアリー・ケイ・アッシュは、自分の事業理念を「売り込む」時には、決まって比喩を用いている。

「ローマ帝国の時代には、皇帝軍が世界をほぼ完全に征服していました。ところがローマ人にもけっして征服できない一握りの人々がいました。それは、ベツレヘムの偉大なる主キリストの信奉者たちです。歴史家たちはそのたくましさの理由の一つが、毎週集会を開く習慣にあったことを発見しました。彼らは問題を共有し、協力していたのです。

これを聞いて何か思い出しませんか。そうです、ユニットミーティングです。私たちは毎週これを開いて協力し合い、知識や問題を分かち合っています。まったく同じではないでしょうか。

私は、ディレクターやユニットメンバーが個人的問題を抱えて困っている時、ユニットが団結して救いの手を差し伸べている様子を何度も目の当たりにしてきました。私たちは何と素晴らしい友情の輪でつながれているのでしょうか。間違いなくこれが、当社最大の価値の一つでしょう」

彼女は、このはつらつとした説明の中で、社内のグループサポートをキリストの史実になぞらえるとともに、いくつかの目的を達成している。

第一に、組織として成功するには、グループサポートが要になるという自身の信念を納得させること。メアリー・ケイの販売員の大半が独立事業者であり、訪問営業の難しさに日々直面している。そこで、断られてもプライドと自信を失わないようにするには、販売員同士が精神面で互いにサポートし合うシステムが不可欠なのだ。

第二に、彼女はこの比喩を用いることで、団結して困難に立ち向かうことが強力な迫害者、すなわちライバルへの防御策として最善であることを示唆している。そして最後に、販売員たちの仕事に、ある意味で英雄的なミッションを与えている。

おそらく読者諸氏の場合、自分の見解を裏付けるために、アッシュのようにキリストを引用する必要はないだろう。説得の達人は、彼女のように言葉の持つ計り知れない力を引き出すことをためらったりはしない。それどころか、最大限活用している。

❹聞き手と感情的につながる

概してビジネスパーソンは、同僚も部下も論理的に意思決定を下していると考えたがる。とはいえ、その決定事項も、一皮むけば、何らかの感情がうごめいているのが必ず見えてくる。説得の達人は感情が最も重要と位置付け、以下の二つの方法で対処している。

最初の方法は、自分の考え方にどれくらい自分が惚れ込んでいるかを示すアプローチである。

これはさじ加減が微妙だ。あまりに感情的すぎると、論理性を疑われるかもしれない。しかし、その目標に努力しているのは理性による判断のみならず、心底その達成を願っているという感情を示す必要もある。説得者の感情が示されなければ、その考え方を説得者自身が本当に信じているのかどうか、疑われかねない。

より重要なのは、相手の感情を正確に把握し、自分の口調を調整することである。説得の達人はこれができる。場合によっては、強面に訴える場合もある。

反対に、やんわりと説明するだけで事足りる場合もある。説得者の考え方がどのような類のものにせよ、相手はどれくらいメッセージを消化できるのか、そのキャパシティに合わせて熱意のほどを調整するのである。

また説得の達人は、社内で過去に起きた出来事はどのように解釈されているのか、こんな提案の場合、どのように解釈されるのかを感知する能力にも長けている。

我々の調査によると、説得の達人は、説得したい相手がどのような気分なのか、心の中では何を期待しているのかを理解できる人物を詳細に調査している場合が多い。こうした重要参考人一人ひとりに、それぞれの提案が相手の感情にどう影響するのかを尋ねる。つまり、具体的な反応をシミュレーションしてみるのだ。また、ロビーや昼食中の気軽な会話の中から情報を収集する術も備えている。

要するに、これから試みる説得が、相手の気持ちや期待と合致し、相手の気持ちを動かすことができるかどうか、それを確認することを怠らないのである。

相手の感情に合わせて説得することの重要性を明らかにするために、次の例を検討してみよう。

ある航空機メーカーの社長は、国内外の競合他社のメンテナンスコストや所要時間は自社のそれらよりもずっと優位にあり、いまや顧客と利益の両方が奪われかねない状況にあると確信していた。自分が感じている脅威と緊急の変革の必要性を、他の幹部たちにぜひとも伝えなければと考えた。

そこである日の午後、経営幹部を会議室に集めた。ＯＨＰには、スカーフを風になびかせながら旧式の複葉機を操縦して微笑んでいる一人の男性が映し出された。スライドの右半分は隠されていた。

全員が着席すると、この社長は「最近の好成績を見て、私もこのパイロットと同じような気分です」と述べた。何しろ同社は前年度、過去最高の業績を上げたのである。

しかし社長は、深くため息をつき、その自分の幸せが急速に色あせつつあると続けた。そして覆い隠されていた部分を外し、パイロットが壁にまっすぐ飛び込んでいく姿を見せた。

そして社長は幹部たちのほうを向き、重々しい声で「私は、我々もこれと同じ目に遭うと考えている。早急に行動を起こさなければ会社は破滅に向かう」と断言した。社長は引き続き、この脅威に立ち向かうにはどのような措置が必要かを説いた。

すぐさま幹部たちからは否定的な反応が出た。ミーティング直後、マネジャーたちは数人ずつロビーに集まり、社長の「脅し戦術」について話し合った。そして彼らは、異口同音に社長が事態を誇張していると憤慨した。

幹部たちの憤りもよくわかる。何せこの年度も売上高と利益の記録を更新しようと精一杯頑張っており、その成果を誇りに思っていたからだ。

彼らは、その功績を称賛するためのミーティングだと思って会議室に入ったのである。それなのに叱られてしまったのだから、あっけに取られたのも無理はない。

社長が間違っていたのか。社長はまず幹部の何人かにインタビューし、みんなの気持ちについて調査すべきだった。そうしていれば、彼らが功績への感謝と承認を求めていることを知ったはずである。

そして、まず業績を称賛するためのミーティングを招集する。その後にもう一度ミーティングを開き、将来に関する自分の懸念を説明するという方法も考えられただろう。

後知恵かもしれないが、将来を考えていないと幹部を非難する代わりに、自分が感じている新たな脅威を冷静に説明し、新しい計画の策定を支援するよう要請すべきだったのだ。

次に、相手の感情に合わせたアプローチを探すことに成功した人物を見てみよう。クライスラーの小型車デザインチームのチーフを務める、ロバート・マーセルである。

一九九〇年代初期、クライスラーは新しいタイプの小型車の開発を待望していた。実に一九七八年以降、このクラスの新型車をまったく発売していなかったのである。それでも同社の経営幹部たちは、単独での開発に難色を示していた。外国企業と提携したほうが優れたデザインの自動車を開発できるばかりか、投資も少なくて済むと考えていたのである。

マーセルの考えは違っていた。彼は、「新しい小型車のデザインと生産はやはり社内でやるべきである」という信念の持ち主だったのである。経営幹部たちを説得するのが難しいことはわかっていたが、彼には一緒に戦ってくれる仲間がいた。

小型車デザインチームのメンバーたちは、「世間を驚かすような自動車を開発するチャンスはもうないのか」と自信を喪失していた。また、企業国家米国として、小型車市場の地位をまたも外国メーカーに明け渡してしまったことにも腹を立てていた。

マーセルは、聞き手の感情に訴えるようなテーマを中心に、説得戦術を組み立てる必要があると判断した。彼は数え切れないほどの社員たちと会話を交わし、多くのスタッフが彼と同じ意見であることを知った。

小型車のデザインを外国メーカーの手に委ねることは、クライスラーの魂、そして最後には雇用が脅かされることを意味する。誰もがそのように考えていた。

さらに彼は、クライスラーは才気あるスタッフの集団であり、スタッフたちはチャレンジ精神を取り戻し、プライドや名誉を挽回するチャンスを求めていることも強く感じていた。そして彼は、自分のチームメンバーに向けて、みずからの信頼を示す必要があるとも感じた。

マーセルは自分の故郷、アイロンリバーのスライドを見せながら、一五分間のスピーチを行った。アイロンリバーはミシガン州北部にあり、昔は鉱業の町だったが、外国企業の進出などで荒らされてしまった。

スクリーンには、マーセル自身が最近撮影したアイロンリバーの写真が映し出された。彼が通っていた高校の周囲には板が打ち付けられ、旧友の家は雨戸が閉まっていた。鉄工所はぼろぼろの廃虚と化し、教会は閉鎖され、貨物操車場には人気《ひとけ》がない。これらの写真を説明した後、彼は「我々は戦うことができなかった」と何度も繰り返した。

マーセルが言いたかったのは、米国で小型車の生産が回復しなければ、同様の結末がデトロイトにも待っているということだった。降伏こそ敵であり、小型車グループが即座に行動を起こさなければ米国自動車業界は荒廃してしまうと続けた。

マーセルはスピーチを希望に向けた言葉で締めくくった。彼は小型車デザインチームを誇りに思っていると述べ、米国にも競争力が残っていることを証明する「米国製」小型車をつくるよう求めたのである。

このスピーチは聞き手たちの気持ちをそのまま代弁しており、小型車デザインチームの闘争心に再び火がついた。スピーチの終了後まもなく、チームメンバーは新車のためのアイデアを考え始めた。

その後マーセルは、このスライドを経営幹部のところに持ち込み、最後には当時のクライスラー会長、リー・アイアコッカにも見せた。マーセルはスライドを見せながら、彼が感動していることに気づいた。アイアコッカ自身も結局のところは「戦士」であり、非常に愛国心の強い人物なのだ。

マーセルの手法は、アイアコッカが議会にクライスラー救済を訴えた時の方法とほとんど同じだった。最後のスライドを見せると、マーセルは立ち止まってこう言った。

「我々に他人と異なることに挑戦する勇気があれば、クライスラーが米国自動車業界を生き残らせる原動力になるはずです。我々の子孫が働ける場所がファストフードチェーンしかない、そんな事態に陥るのを防ぐこともできるはずです」

マーセルは自分のチームの計画をさらに詳しく説明し、アイアコッカ会長は二時間にわたってその説明に耳を傾けた。その後、会長は方針を変え、小型車デザインチームによる新車「ネオン」の開発を許可した。

誰と向き合った時でも、マーセルはうまく相手の感情に訴えることに成功した。また、聞き手の大半は中西部の出身であり、彼が伝えた内容に皆、深く共鳴した。

そしてマーセルは、意気消沈した仲間をほったらかすことなく、逆に希望を与えたのである。これは荒廃を宣言するよりも説得力がある。これもまた、米国中心部の人々の愛国心を強く揺さぶったのだ。

無感情の説得が成功することはないが、あまり強く出しすぎると、弱すぎた場合と同様、失敗することがある。重要なのは、説得者が自分の感情を相手の感情に合わせることであり、これを怠ってはならない。

説得力が組織に利益をもたらす

説得の概念は権力のそれと同様に難しく、いたずらに混乱したり、理解できなかったりするビジネスパーソンが多い。実際、非常に複雑で、しかも扱い方を誤ると大変危険であり、このため多くの人が説得という行為をあえて避けようとする。

一方、権力がそうであるように、説得も組織内に多大な利益をもたらす可能性を秘めている。たとえば、人と人を結び付ける、アイデアを実行に移させる、改革を前進させる、建設的な解決策を創造する、意思決定のスピードを高める等々である。

これらすべてを実現するには、「なぜ説得するのか」、その目的を理解しなければならない。もちろん、無理やり納得させたり、売り込んだりすることではなく、学習することであり、また交渉することである。

さらに、現在のような予測不能の事業環境にあって、説得力はこれまで以上に必要な「技」である。その習得には熱意と実践が欠かせない。

一二年間の体験

本稿の背景となっている考え方は、三つの調査に基づくものである。

筆者はここ一二年間、大学教師兼コンサルタントとして活動してきたが、その間に、改革の実行に優れた能力を発揮している管理職二三人を調査した。特に、これらの人物の言葉の使い方に注目した。たとえば、部下に行動の動機を与えたり、ビジョンや戦略を説明したりする場合、あるいは組織全体を動員して困難な事業環境を克服しなければならない場合について調べてみた。

四年前、筆者は二つ目の調査に取りかかった。これは、クロスファンクショナルチームの指揮に成功したリーダーたちの能力や性格を調べる調査であった。データの中心は、米国およびカナダの特定の企業で働く一八人に対するインタビューと、その一八人の所見であった。

彼らは、筆者がそれまで調査対象としていた上級幹部ではなく、下級レベル、あるいは中級レベルの管理職であった。これら管理職の同僚に対するインタビューを実施するとともに、他のチームリーダーのスキルと彼らのそれを比較してみた。

特に、同じ企業内で同じような計画に携わっているクロスファンクショナルチームのうち、あまりうまくいっていないチームのリーダーとの比較に重点を置いた。ここでも言葉の使い方を重視したが、人間関係に関わるスキルの影響も調べた。

改革に積極的なリーダーと有能なチームリーダーの持つ説得スキルが似ていることから、筆者は、説得と雄弁術、さらには福音を説くスキルに関する学術文献を調べてみようと考えた。

一方、一般的なマネジャーの場合、彼ら彼女らはどのように説得を始めるのかを知るために、会社のミーティングで数十人のマネジャーを観察し、幹部研修プログラムではシミュレーションを行った。各マネジャーはグループに分かれ、互いに架空の事業目的について説得し合ったのである。

そして最終的に、建設的説得に関して傑出した能力を持つと思われる一四人を選んだ。数カ月にわたってこれら一四人やその同僚にインタビューを実施すると同時に、実際の職場で彼らを観察した。

説得を失敗させる四つの失敗

筆者はコンサルタントとしてマネジャー諸氏と仕事をともにする機会が多いが、シニアマネジャーの方々がその説得に大失敗した例を何度も目の当たりにしてきた。

次に挙げる四つの過ちは、その典型である。

❶自分の意見をごり押しする

筆者はこれを「ジョン・ウェイン方式」と呼んでいる。

マネジャーが最初に自分の見解を強く主張し、忍耐強く熱心に理論を説いて決着をつけようとする。ところが実際は、初めの段階ではっきりとした見解を提示したがゆえに、反対したいと考えている人々に格好の攻撃材料を与えてしまっている。

ライオン使いは椅子の足を見せて「パートナー」であるライオンを従えるが、そのライオン使いのように、繊細かつ遠慮気味に自分の考えを示すほうがずっと効果的だ。

言い換えれば、有能な説得者は、徹底的な攻撃を避けるために、最初の段階では明確な目標を示したりしないのである。

❷妥協を拒む

「妥協は降伏にほかならない」と信じて疑わないビジネスパーソンが何と多いことか。

建設的説得には妥協が不可欠である。人は、何らかの提案を受け入れる前に、説得者が自分たちの懸念に柔軟に対応してくれるかどうかを知りたいと考える。だからこそ、妥協がより優れた共通の解決策を導き出してくれることも多い。

妥協を否定すれば、説得は一方的な行為と考えていることを無意識のうちに知らせることになる。しかし、そもそも説得は意見の交換を通じて進むものなのだ。

組織的行動を専門に研究する南カリフォルニア大学教授、キャサリン・リアドンは、説得者が説得の過程で自分の行動や考え方を変えずに、他人の考え方や行動だけを変えることはまずできない、と指摘している。

意義のある説得を行うには、他人の意見に耳を貸すだけでなく、それを自分の考え方の中に取り入れなければならない。

❸説得の秘訣は優れた議論を展開することと誤解する

相手を翻意させるには、論理に優れていなければ成功しない。たしかにその通りだ。しかし、論理は本来、説得の一部にすぎない。説得者の信頼度も重要だし、双方が利益を得られるように調整する能力、相手の共感を呼ぶ能力、活きいきとした言葉使いで具体的な議論を展開する能力など、他の要素も同じように重要なのである。

❹説得は一回すれば十分と考える

説得はプロセスであり、一回で終わらない。一回目で共通の解決策にたどり着くことは稀である。人の話を聞いたり、その考え方を試したり、またグループ内の意見やアドバイスを取り入れたりしながら、新しい考え方を導き出す。次にテストを実施し、あれこれ妥協しながらも、もう一度トライしてみる。このようなプロセスで進められることが多い。

これは遅々として困難な作業に思えるかもしれないが、努力に値する。

第**4**章

沈黙が組織を殺す
Is Silence Killing Your Company?

ハーバード・ビジネス・スクール 助教授
レスリー・パルロー
ハーバード・ビジネス・スクール 助手
ステファニー・ウィリアムズ

"Is Silence Killing Your Company?"
Harvard Business Review, May 2003.
邦訳「沈黙が組織を殺す」
『DIAMONDハーバード・ビジネス・レビュー』2003年8月号

レスリー・パルロー
(Leslie Perlow)
ボストンのハーバード・ビジネス・スクールの組織行動学助教授。著書に *When You Say Yes but Mean No,* Crown Business/Random House, 2003.（未訳）がある。

ステファニー・ウィリアムズ
(Stephanie Williams)
ハーバード・ビジネス・スクールの助手、ならびにコロラド大学ボールダー校リーズスクール・オブ・ビジネスの講師を兼務。

「沈黙は金」か

寡黙というと聞こえがよい。たとえば、謙虚である、他人に敬意を払っている、慎重である、礼儀正しいといった印象が浮かんでくる。さらに、恥をかく、誰かと敵対するなど、身に危険が迫った時、これを回避してくれるのもまた寡黙であり、長年来の礼儀作法といえよう。

「黙っていると、ばかではないかと疑われるが、話すとばかであることが明らかになる」とは、寡黙の利点をうまく言いえた言葉である。このような人間関係上の利点ゆえに、人は沈黙する。さらに組織で生き残ろうと思えば、この傾向に拍車がかかる。

言葉にするかどうかはともかく、多くの組織が「職を失いたくなければ、また順調に出世したければ、調和を乱さないことだ」というメッセージを発している。しかも現在のように数百万人が職を失い、さらに大半がリストラの不安を抱えているような厳しい経済状況下では、「上司の命令は絶対である」という意識も強い。

新聞で連載されている人気漫画『ディルバート』も、サラリーマンにとって、自分の意見を述べることがいかに虚しく、かつ危険な行為であるか、痛烈に描いている。

一介の平社員であるディルバートは、部長が間違った選択をしようとしているのを見て、直属の上司に相談する。「言ったほうがいいんじゃないでしょうか」。すると上司は皮肉な笑みを浮かべて答える。「そりゃ名案だ。でも、どうせ変わりっこない決定にストップをかければ、俺たちの人生もストップするぜ」

もっとも、はっきり物申したことで、一躍脚光を浴びることになった幸運な人たちもいる。エンロンのシェロン・ワトキンス、ワールドコムのシンシア・クーパー、ＦＢＩのコリーン・ローリーは三人揃って、二〇〇二年の「今年の顔」として『タイム』誌の表紙を飾った。

このように有名になった人もわずかながらも存在するとはいえ、内部告発は常に勇気ある立派な行為と見なされるわけではない。むしろ組織に楯突いたり、内部告発したりすれば、たいていは厳罰を受けるものだ。即刻クビになるか、もしくは窓際に追いやられ、退職を余儀なくされるかである。

しかし、これから我々が試みるのは、沈黙を美徳とする虚飾をはぐことである。実際、我々の調査によれば、沈黙は職場の至るところで要求され、またそうされている。そして、会社も個人もそのために多大な犠牲を強いられている。

中小企業から「フォーチュン５００」に選ばれる大企業や官公庁まで、部長クラスから平社員までさまざまな人にインタビューしたところ、個人が沈黙を守る時、屈辱感や怒り、恨みなど、吐き出さなければ人間関係に悪影響を及ぼし、創造性を凍らせ、生産性を低下させるような有害な感情を抱く、つまりは大きな精神的犠牲が払われていることがわかったのである。

ここで、ジェフの例を見てみよう。彼は「フォーチュン１００」の某企業でチームリーダーを務め、重たいプレッシャーに耐えながら、長期の大規模プロジェクトに取り組んでいた。

毎週火曜日、ジェフとメンバーたちは、彼らの上司であるマットを交え、プロジェクトマネジメント・ミーティング（ＰＭＭ）を開いた。このためにジェフは、毎週水曜日に次の週のＰＭＭ用のリポートを書き始め、木曜日、金曜日と時間を見つけては、これを続け、さらに週末をも費やしていた。そして月曜日の朝、マットにこのリポートを提出した。

ジェフは自分がまとめたリポートは上司にとって有意義なものだろうと考えていたが、その一方、子細なリポートを書くために費やした時間のことを思うと、イライラする気持ちをどうにも抑えられなかった。そしてメンバーたちに延々と愚痴をこぼしていた。そのくせ、当のマットにはこんな気持ちをおくびにも見せなかった。

このように沈黙を続けることで、ジェフの中には恨めしさがだんだんと蓄積され、上司への尊敬の念が失われ、率直に進言することがますますはばかられるようになった。この悪循環のおかげで、プロジェクトは大幅に遅れていた。

かたやマットも、「PMMを有意義だと思うか」と尋ねられると、少々困惑した様子で、「部下の悪口は言いたくないが、火曜日の朝のミーティングは、PMMならぬ『耐えがたいほど無意味なミーティング』(painfully meaningless meeting)だよ」と答えていた。

「PMMを中止して何か別の方法を考えよう」とは誰も言い出さなかった。まさしくこれは、本調査で得られた知見と一致する事実である。たいていの人が、職場で円滑な人間関係を維持し、順調に仕事を進めるには沈黙を守ることこそ最善であると信じている。

とはいえ、なぜ沈黙が組織にはびこるのか。このような習慣のために、個人や組織はどれほどの犠牲を払っているのか。何しろ沈黙が一つ増えるごとに、コストはネズミ算式に増え、その事実は長い間表面化しない。この知らぬ間に浸潤する静かな悪弊から抜け出すにはどうすればよいのか。これらについて探ってみたい。

沈黙が組織を支配している

我々が口をつぐむのは、多分に相手との意見の食い違いに目を向けたくない場合である。人によって、性格や経歴、経験に違いがある以上、意見や信念、好き嫌いも当然異なる。基本的には、意見の違いが大切であると承知してはいる。同じ意見の人ばかりが集まってブレインストーミングしたところで何の意味があるだろう。

しかしながら、やはり食い違いを直視し、これを深く理解しようという作業は苦痛以外の何物でもない。英語の difference という言葉に近いフランス語の differend が「口論」を意味することは象徴的である。たいていの人は話し合いで見解の相違を解消するよりも、「そんなものは存在しない」とほっかむりしたほうが楽だと考えがちである。

我々の調査によると、見解の相違を表沙汰にせず、黙っていようとする傾向は、個人同士においても、またグループ内においても見られる。他のメンバーと意見が食い違うと、いまの地位から失墜したり、グループから追い出されたりするのではないかと心配するからだ。

青年期に周囲から浮くことを極端に恐れていたという経験を持つ人は少なくないだろう。同じく成人しても、職場の仲間とうまくやっていくためならば、どんな労もいとわないという人は多い。たとえそれがうわべだけの協調でも、そのために仲間の考えを斟酌したうえで自分の言動を判断する。

あるeラーニング企業で、経営陣がオフサイトミーティングを開いた時のことだ。このミーティングの目的は、企業ビジョンについてさまざまな意見を出し合い、議論することだったが、実際に会が始まると、誰もが他人の意見を支持するばかりで、たまに異議を唱える人がいても、今度は提案者のほうがすぐに自説を引っ込めてしまう始末だった。

結局、意見の相違が表面化した部分は事実上先送りし、「十分なコンセンサスが得られた」と喜び合ってミーティングを終えた。そして口々にその日の成果をほめ称えた。まずマーケティング部長は「今日は大きな進展がありました。やる気、情熱が湧き上がってきましたよ。これから全力で取り組む所存です」と言い、CFOは「今日はかなり過酷な戦いになると思っていたけれど、驚くほどスムーズに話が進んだな」と述べた。

こうして出席者の多くは、表向きはコンセンサスが得られたと喜び、しかし実際には、まるで時間の無駄だったという暗澹たる思いを抱えて帰路についた。彼らが強力なビジョンを打ち出せなかったのは、自分や相手に発言を許さなかったためであり、その結果、方向性が見えない状況が続くことになった。

この例でもわかるように、経営陣も含め、ほぼ同等の地位の人たちが議論する場ですら、人は意見の違いを深く掘り下げることには及び腰で、どうにか意見を一致させようとする気持ちのほうが勝ってしまう。ましてや職位に差がある場合、このプレッシャーがどれほどのものか、これを知る人は多いはずだ。上司は部下たちに、無意識のうちに「口出し無用」というメッセージを送っていることだろう。

ここで、法律事務所のロバートとリンダの例を見てみよう。弁護士のロバートは、事務所のアシスタントをまとめる立場にあり、リンダは事務所の資料係の主任だった。ある日リンダは、ロバートに「弁護士による資料係の勤務評定は、往々にして公平さに欠けています」と訴えた。「資料係の昇給や昇進を直接左右する権限を弁護士が持つべきではない」というのが彼女の意見だった。

ロバートはこの進言に対して、「弁護士を顧客と考えてみたまえ。顧客ならばサービスの質を評価して当然でしょう」と答えた。そしてリンダがなおも食い下がろうとすると、機嫌を損ねて「ここではこれが常識で、今後もやり方を変えるつもりはない」と言い放った。リンダは何も言わずロバートのオフィスを後にした。

リンダは少なくとも上司に異議を唱えようとした。しかしたいていの部下は、上司がその持論の片鱗を見せただけで黙り込んでしまう。その理由は、多くの場合、「出世したいから」にほかならない。

シニアアナリストとして投資銀行に勤めるドンは、上司がそばにいる時、けっして持論を披露することはない。「事の本質はヒエラルキーにある」とドンは言う。「ボーナスをたくさんもらうためにしなくちゃならないのは、上司に好かれることだけだと言っていいでしょう。上司が嫌がるような問題を提起したり、正義漢ぶったりすると、たとえ自分が正しくとも災いを招くことになります。実際、マネージングディレクターに逆らうわけにはいかないですよ」

部下が上司に忌憚なく発言できるようにと、上司のほうでも部下との意見の相違を明らかにすることに抵抗を感じている。あまり嬉しくない人事考課をフィードバックする際、これを部下には伝えにくいものであり、特に礼儀を重んじ、対立を避けようとする組織ではその傾向が強い。

部下たちの静かなる反乱

大切な人間関係を壊さないために、また仕事を順調に進めるためには、沈黙こそ最も賢明、あるいは正しい。いや、それしか方法がないと思っているのかもしれない。しかしそうではないとすると——。

ロバートとリンダが働く法律事務所の話に戻ろう。ロバートはその後、リンダの訴えを思い出すことはなかった。シニアパートナーである彼にとって、自分の意見が正しいことは火を見るよりも明らかであり、彼女が提起した問題も自然に消滅すると考えていたからである。一方リンダは、沈黙を強いられたことにわだかまりを感じていたが、上司であるロバートにはこれ以上逆らわないほうがよいとも考えていた。

しかし、彼女の心の底では怒りがくすぶり、その感情を和らげるため、ロバートが言ったことを同僚らに話し、彼女の意見を無視したことについて長々と不平をこぼした。しかし陰口を叩いたところで怒りが和らぐのは一時でしかなかった。

また、社内では「ロバートは思いやりに欠ける」という話がアシスタントたちの間を駆けめぐり、「経営陣は聞く耳を持たない」ことを示すよい証拠とされた。ロバートとアシスタントとの関係は緊張し、その離職率は高まった。のちに彼は「あの日の私の行動は、私が犯した最も大きなミスだろう」と回想しているが、まさにその通りの事態に至った。

ダメージを被ったのは、ロバートと事務所だけではない。ロバートの前で沈黙を守ることでリンダ自身も大きな負担を負い、それがどれほどの大きさか、彼女自身もわかっていなかったかもしれない。とはいうものの、沈黙したからといって、意見の食い違いが解消されたわけではなく、ただ水面下に沈んだだけで、根本的な問題は解決していない。そして発言を飲み込むたび、不安、怒り、恨みといったマイナスの感情で胸が一杯になる。

もちろん長期間、自分のみならず他人をごまかし続けることもできなくはないが、葛藤が解消されない限り、抑圧された感情は依然効力を持ち続け、自分と他人との関係に影を落とす。このように他人との距離を図るようになると、いっそう自己防衛の気持ちがふくらんでいく。

この自己防衛の気持ちが大きくなるにつれ、恐怖感や不安感も増していく。「意見を述べると気まずい雰囲気になるのではないか」「拒絶されるのではないか」という心配である。人間関係を大切にしたいと考えると、かえって口をつぐむ機会が増え、その結果さらに自己防衛の気持ちと不信の念が大きくなる。破壊的な「沈黙の悪循環」の始まりである。

経営コンサルティング会社でプロジェクトマネジャーを務めるマリアにインタビューしたところ、彼女が陥っていたのはまさにこの悪循環だった。

彼女が初めてプロジェクトを担当した時、クライアントへのプレゼンテーションについて上司のマックスから指示を受けた。彼女はマックスの流儀に必ずしも賛成ではなかったが、彼は会社のパートナーであったため、そのような不満はあえて口に出さなかった。

その後、マックスがプロジェクトに関してあるデータを求めたことがあった。この時、マリアのチームがそれを集めていないことを知るや否や怒り出し、メンバーにもっと発破をかけろと彼女に命じた。マリアとしては、そのデータはプロジェクトに必要なく、集めたところで時間の無駄だと考えていたわけだが、上司の前では黙ってこぶしを握り、歯を食い縛って、この命令に服した。

しかし、数日後のプレゼンテーションでは、クライアントの反応は芳しくなく、マリアはマックスと次の打ち手を話し合った。その際、彼女はどうにか自分の戦略を上司に説明し、彼の考えの誤りを正したいと考えていた。自分のほうがクライアントのニーズを正しく理解していると確信していたからである。

それでも、彼の前に出ると気分が落ち着かず、彼がチームの仕事振りについて批判し始めると、上申する勇気がくじけた。またもやマリアは反論したい気持ちを押し殺し、上司の指示に従った。こうして口をつぐむたびにわだかまりがふくらみ、彼女は沈黙のらせん階段を下りていくことになった。ついには、マックスの下で働く意欲も力も失われた。

そもそもマリアが上司に反論しないことを選んだのは、上司との関係を壊したくなかったからである。他人との関係が壊れることを恐れて沈黙することを選んだはずが、実際にはその沈黙が原因で人間関係にひびが入り、越えがたい溝ができる。実に酷で、よくある皮肉でもある。

ある病院の呼吸器科の救急に勤める研究員であるショーニーもこれと同じ経験をした。我々が彼に話を聞いた時、すでに彼はこのらせん階段を下りた後だった。

ショーニーは、すぐ上の研究員であるプラビーンの指導を受けながら研究を進め、その代わりプラビーンと連名で研究成果を発表することになっていた。プラビーンはショーニーの生産性を最大限に高めようと、たえず彼に指示を与えていた。ショーニーは内心、あれこれ命令されることを嫌がっていたが、実際にはプラビーンの指示に従い、持論を申し立てることもなかった。

プラビーンのこうした態度は変わることなく、能力に優れた同僚としてではなく、無知な助手として扱われ続けると、ショーニーの恨みつらみは積み重なっていった。

そしてある日、プラビーンが「昨晩はどこまで進んだ」と仕事の進捗について尋ねてきた時、ショーニーの中で何かが切れた。彼はその場では何も言わなかったが、以後プラビーンと共同で研究することを拒み、次の研究課題を与えられた時には作業を二分し、別個に研究を進めることを要求した。

その結果、事態はさらに悪化した。プラビーンとコミュニケーションするのを拒むということは、知識豊富な同僚とブレインストーミングする機会を失い、同僚の役に立ちそうなことを発見しても、それを伝えることができないことを意味する。

二人の研究が重複しても、それを伝える術はない。コストは、ショーニーと組織に二重にかかる。従業員が対立を避けて黙り込むと、新しいアイデアは隠され、代替案を探る道も閉ざされてしまう。本人の仕事はもちろん、組織全体の仕事の質を向上させる重要な情報も埋もれかねない。

沈黙の悪循環を断ち切る

自分の意見を述べる、もしくは相手に意見を述べさせるにはどうすればよいのか。沈黙の悪循環が断ち切られ、コミュニケーションの良循環へと移ることはあるのか。答えはイエスである。

そのためには、人とは異なる行動をする勇気を持たなければならず、また違いを表明することをプラス評価する環境を整えなければならない。まず、マネジャーは大きな権限が与えられているため、率直な意見を述べた社員が陰に陽にひどい目に遭わないように気をつけなければならない。組織として対処に困るような問題が絡んでいる場合には、とりわけ注意が必要だ。

ハリーはこうした環境づくりに成功したリーダーの一人である。軍隊の大隊長であるハリーは、五〇〇人以上の兵卒を率いて他大隊との仮想戦に臨み、大敗を喫した。敗戦後のデブリーフィングで、彼は部下たちを前に「本当の戦争だったら、三分の二が死んでいるところだ」と述べ、「しかし負けた落度は自分にある」と付け加えた。そして彼はその理由を具体的に説明し、敗戦の責任を一身に引き受けた。

最初、言葉を発する者はいなかった。しかしニックという、敵の動きを偵察し、自軍に伝える役目の若い斥候が「いいえ、違います。隊長のせいではありません。私が居眠りしてしまったのが原因です」と告白した。

これを聞いてハリーはショックを受けた。ニックの失態は大問題である。しかし彼はすぐにこの件からみんなの関心を逸らし、全員がいかに疲労困憊していたかという根本的な問題に焦点を当てた。「ほかにも初回攻撃で居眠りしたものはいないか、自問してみるように」とハリーは問いかけた。「ニックは立派な兵士である。ここにいる者は全員そうだ。そこで問題は、軍事行動が連続している間、高い緊張状態の中で能力を持続するにはどうすればよいのかということだ」

こうしてハリーは、デブリーフィングで議論の方向性を決めた。もし彼が最初に自分の失敗を取り上げなかったなら、ニックは告白できなかったろう。しかもハリーは、個人を責めるのではなく、もっと重要な問題に焦点を当てることで別の議論に誘導した。以後この大隊では、発言することと間違いを認めることが大いに評価されるようになった。

沈黙に関わる問題は、その解決をリーダーだけに任せておけるような小事ではない。沈黙の悪循環による被害が組織に及ばないようにするには、一人ひとりの意識を変えなければならない。矢面に立ちたくないという衝動を抑え、自分の意見を言うように努力することである。

しかしこれまで説明してきたように、さまざまな理由からこれは容易なことではない。そこで我々は、次のようなことを実践することをぜひお勧めしたい。

自分の力を信じる

自分の意見を言いたい、他人に自由に発言させたいと思うならば、それはあなた次第であり、そのような力が備わっている。これは相手が部下であっても同僚であっても、さらには上司であっても変わらない。

たしかに、対立が生じた時は受け身に回ったほうが安全であり、最初の一歩は相手に踏み出してほしいのが人情である。しばし静観し、相手を責め、その出方を待つ。

しかし非は全面的に片方にあるというケースはめったにない。そこで必要なのは、相手が謝罪したり、話を切り出したりするのを待つのではなく、自分のほうから率先して一歩を踏み出すことである。そして意見の食い違いを明るみに出し、それを掘り下げるべきである。

この戦略は、法律事務所のケースのように、上司が部下の意見を公然と封じた場合にも適用できる。リンダはあの後、もう一度ロバートと話し合い、事態の改善を図ることもできたはずである。たとえば、彼に直接「あなたにとって勤務評定の方法は特に重要でないことはわかっています。しかし、我々資料係にすれば重要な問題なのです。ぜひ我々の意見を聞いてください。先日この話は終わりだと言われましたが、それでは納得がいきません。もう一度、我々の立場を説明させてください」と言ってみるのだ。

片方がこんなふうに勇気を持って一歩を踏み出し、相手に新たな情報が伝わるように努力すれば、互いに歩み寄る結果になるだろう。それまで障壁になっていた意見の食い違いを、両者で掘り下げることができる。我々は、自分で思っているよりもずっと大きな力を持っている。

実際上司は部下に対する権力を持っているが、これは形式上の話で、上司が高い業績を実現できるかどうかは、部下の働きにかかっている。要は、上司のほうでも部下を必要としているのである。それさえ心得ておけば、上司に自分の意見を言い、それを理解させることが可能である。

組織内で「逸脱」する

沈黙の壁を突破するために、所属する組織の不文律を破らなければならない場合がある。言わば、標準から逸脱した行為が必要とされるのである。

たとえば、いつも経営陣の決定を黙って聞くだけのミーティングで、厳しい質問を発してみる。逸脱というと悪い意味で使われることが多いが、この言葉は必ずしも「機能不全」と同義ではない。実のところ逸脱は創造的な行為であり、新しいやり方を模索し、開発する手段でもある。誰かが標準から逸脱した行為をすると、組織のどこを改善すべきが明らかになり、きちんとした中身のある代替案が生まれる。そのためにはまず、「すべての基準には例外がある」ことを忘れないことだ。基準から逸脱する行為は、基準を変えるきっかけになるからである。

仲間を増やす

沈黙の支配から逃れたい時には、他のメンバーと協力するといい。仲間がいると思えば、意見を言いやすいということもあるが、集団で問題に取り組むと、正当性と経営資源の面で有利になるからである。「一緒に戦おう」と言って他人を誘うなど、とてもできそうにないと思うかもしれないが、ふたを開けてみれば同じ意見の人が大勢いたということはよくある。マサチューセッツ工科大学の研究員ナンシー・ホプキンスもそのような経験を持つ一人である。(注1)

彼女は学内で、気がつくと研究室の使用スペースなどをめぐって戦っており、その点で同僚男性以上に苦労していると感じていた。このような状況が何年も続いた後、彼女は大学本部に抗議文を送ることを決意し、書き上げた文章を政治的な駆け引きに長けているといわれる女性の同僚に見てもらった。

すると驚いたことに、その同僚は自分も署名させてくれと言い出したのである。彼女にも同様の経験があったのだ。最終的には、文章を見せた一五人の同僚女性のうち一四人が署名した。その結果、大学では委員会を組織し、こうした性差別の問題を明らかにするとともに対策に乗り出した。

エンロン、タイコ・インターナショナル、ワールドコムなど、最近明らかになったスキャンダルを見てもわかるように、沈黙に覆われた組織がたどる末路は悲惨である。詐欺行為など違法行為を犯すまではいかなくとも、企業は沈黙によって大なり小なり被害を受けている。

欠陥製品、プロセスの不具合、判断ミスが起これば、人々はたいてい口を拭う。こうした沈黙を破ることができれば、その先には、組織のあらゆる階層で次々と斬新なアイデアが生まれ、組織のパフォーマンスが別次元に飛躍するという未来が待っているかもしれない。

こんな時は沈黙したほうがよい

言葉が足りないことはあっても、言いすぎることはないという人が大勢を占める。しかし念のために、こんな時は黙っていたほうがよいというケースについても触れておこう。

たとえば、内容によってはわざわざ提起するに値しない問題もあれば、些細な意見の相違でいたずらに対立を深めるべきでないこともある。

時間と労力に見合わないわずかな食い違いに足を取られ、これらを一つひとつ解消して回ることにどんな意味があるだろう。仕事の質の向上と無関係で、しかも一週間か一カ月もすれば忘れてしまうような問題であれば、なおさらである。

また、重要な関係や長く続いている関係において対立が生じたのでなければ、必ずしも問題を表面化させる必要はない。異なる意見を交換することで得られる創造性や知識については諦めなければならないが、マイナス面はせいぜいこれくらいで、食い違いが潜在化して人間関係に悪い影響を及ぼすのではないかと心配するには及ばない。

意見の食い違いを解消するには、タイミングがカギとなる。たとえば、目前に仕事の締め切りが迫っている時、あえて難題を取り上げるのは効果的ではない。その問題が当面の仕事に重大な影響を及ぼし、しかも解決する時間が残っているような場合は別だが、そうでないならば、締め切りが過ぎるのを待ち、集中して話を聞いてもらえるタイミングを見計らうのが賢い選択である。

また、長い目で見れば当然のことだが、自分や相手が感情的になっている時には、意見の食い違いには触れないほうがよろしい。口論の後どちらかがまだ怒っているような時はその問題を避け、双方が落ち着き、感情的になったり相手を責めたりせずに話し合えるようになるまで待つべきである。

しかし、話し合いを延期することは、問題を漠然と先送りすることではない。きちんとした意図がなければ、未解決の問題はいつまでも残り、悩みの種になる。

何をいつ話し合うべきかに関する詳細なマニュアルがあるわけではなく、自分の判断に頼るしかない。ポイントは、「今度ばかりははっきり言うべきだろうか」から「今度ばかりは黙っておくべきだろうか」に自分の考え方を変えることである。

仕事のスピードと沈黙の関係

短期間で仕事を済まそうとするのはよいことだ。このような意識ゆえに、我々はより無駄なく効率的な方法を模索する。

しかし、スピードを追求することには沈黙を悪化させるという弊害もある。仕事の期限が近づくと、「悩んでいる暇はない。とにかくやってしまわなければ」と考え、ぐっと自分の意見を飲み込んだという経験は誰にもあるだろう。

我々は、できるだけ早く仕事を終わらせるという近視眼的な目的のために口をつぐみ、その結果、自分自身の創造性や知識、意思決定を犠牲にしているようだ。

あれこれと拡散的に考えながら仕事をしている場合、この非効率的なプロセスそのものが時間と労力を必要とする問題へと発展する。そうなると、我々はさらに早く仕事を終えなければならなくなり、結局のところ、悪循環が始まる。

リンゴを馬車に積んだ農夫の寓話がある。農夫が道で男を呼び止め、市場までどのくらいかかるのかと聞いた。男は「ゆっくり行けば一時間、急いで行けば丸一日かかる」と答えた。道はでこぼこであり、馬車がスピードを上げれば、リンゴは全部道に落ちてしまうだろう。リンゴを拾うのには丸一日かかり、農夫はいっそう道を急がなければなくなる。

プレッシャーがプレッシャーを呼び、「急がなければ」という内部で発生した自己破壊的な意識が、増幅の一途をたどる。スタッフは無理に無理を重ね、マネジャーはすでに抱いていた危機感をいっそう募らせる。

ほとんどの人が「急がなければ」というプレッシャーを感じながら、日々の生活を送っている。我々が意見の食い違いを飲み込んでしまうのはそのせいでもある。しかし、この現象を軽視すると、自分で掘った落とし穴に落ちることになる。

つまり、円滑な人間関係を維持したい時、仕事をできるだけ早く終わらせたい時、我々は意見の食い違いを必ず明らかにしなければならないのだ。さもなくば、人間関係も仕事も危険にさらすこととなろう。(注2)

【注】

(1)出典はNancy H. Hopkins, "Experience of Women at the Massachusetts Institute of Technology," *Women in the Chemical Workforce: A Workshop Report to the Chemical Sciences Roundtable*, Commission on Physical Sciences, Mathematics, and Applications, 2000.およびLotte Bailyn, "Academic Careers and Gender Equity: Lessons Learned from MIT," *Gender, Work, and Organizations*, March 2003.

(2)スピードの追求と沈黙の詳しい関係については、Leslie A. Perlow, Gerardo A. Okhuysen, Nelson P. Repenning, "The Speed Trap: Exploring the Relationship Between Decision Making and the Temporal Context," *Academy of Management Journal*, October 2002.を参照。

第5章

嘘偽りのないスピーチの秘訣

パブリック・ワーズ 設立者
ニック・モーガン

"How to Become an Authentic Speaker"
Harvard Business Review, May 2004.
邦訳「嘘偽りのないスピーチの秘訣」
『DIAMONDハーバード・ビジネス・レビュー』2009年10月号

ニック・モーガン
(Nick Morgan)
コミュニケーション・コーチングを提供するパブリック・ワーズの設立者。これまで "The Kinesthetic Speaker: Putting Action into Words," HBR, April 2001.（邦訳「共感のプレゼンテーション」DHBR2001年10月号）などの寄稿がある。本稿は *Trust Me: Four Steps to Authenticity and Charisma*, Jossey-Bass, 2008.（未訳）の抄録である。

「嘘偽りのない」態度が人々を動かす

営業担当バイスプレジデントのキャロルは――筆者の複数のクライアントを合成した架空の人物である――全社的な営業会議で、演台にカツカツと歩み寄り、聴衆をしばし見回すと、自分が一介の営業担当者だった頃について話し始めた。

そこから巧みに話題を変えて、今年度の売上高について明るい見通しを述べ、カラフルなスライドを見せながら、安定した成長、期待の新製品について説明した。とりわけ新製品については、身振り手振りを交えつつ強調した。

キャロルは、気の置けない同僚たちを前に入念なリハーサルをしており、その際、みんな彼女のメッセージと熱い思いに感じ入っていた。それゆえ、キャロルは自信満々だった。

スピーチを締めくくるに当たって、ステージの端まで歩み出て、会場全体を見渡し、売上げのストレッチゴールを達成すれば、たくさんの人が年間優秀者として表彰されると、聴衆に発破をかけた。

ところがこの瞬間、何かしっくりこないものを感じた。会場は、幸先よく新年度のスタートを切るべく、やる気に満ちあふれているといった様子ではない。彼女は当惑した。「どうしたことでしょう。この場をどう取りなせばいいのかしら――」

このキャロルのような話を耳にしたことがおありだろう。あなた自身、彼女のような経験があるのではなかろうか。また、このようなスピーチを聞かされたこともあるはずだ。そう、話し手に何の問題はないのだが、はっきり言えないけれども、何か違和感があるというプレゼンテーションである。

このようなスピーチについて問われれば、「計算ずくめ」「腹蔵がある」「偽物」「やらせ」と答えるかもしれない。しかし、スピーチに心動かされなかった理由については、おそらくうまく答えられないだろう。とにかく、嘘偽りのない話し手に思えなかったのだ。

今日の経済情勢は厳しく、経営者による数々の不祥事の影響もあって、社員も株主もこれまで以上に懐疑的になっている。相手の信頼を獲得できるようなコミュニケーション能力も含め、「嘘偽りのない《オーセンティック》」ことは、いまやリーダーシップにおける重要な資質になっている。

リーダーがそのような資質の持ち主であれば、部下たちは仕事に専心し、目を見張るような働きを見せることだろう。一方、そのような資質に欠けるリーダーの下では、職場に冷ややかな空気が広がり、ほとんどの社員が適当にやりすごし、必要最低限のことしかやらない。

マネジャーが公の場でメッセージを伝える場合、いかに信念を持って話したとしても、信頼できる話し手として受け入れられることは難しい。コミュニケーション・コーチになってかれこれ二二年になるが、そのような場面を何度も目の当たりにしてきた。

では、この種のコミュニケーションは、なぜこうも難しいのだろう。なぜ立ち上がって真実を話すだけではだめなのだろうか。

非言語コミュニケーションは言葉より雄弁

その答えは、人間の脳がコミュニケーションを知覚・処理する仕組みを調べた最近の研究にある。

非言語コミュニケーションの力については、すでによく知られている。筆者はこれを「第二の会話」と呼んでいる。言葉によるメッセージとボディランゲージが一致しない時、聞き手は例外なく、非言語メッセージに反応する。つまり、口から出る言葉よりも、体の動きのほうが雄弁なのだ。したがって、直立して真実を話すだけではうまくいかない。

スピーチの前に「不自然に見えるのが嫌だから、即興でやる」と言う人に会ったことがおありだろう。しかし、ボディランゲージのせいで、プレゼンテーション中、聞き手との間の信頼が損なわれてしまう。というのも、準備不足で緊張していると、「泥縄じゃないのか」という印象を与えてしまうからである。どれほど言葉を尽くしてメッセージを発しても、聴衆には「目下勉強中」と見えてしまい、およそ信頼できるリーダーには見えない。

だからこそ、準備は大事である。ただし、これまでのやり方、たとえばキャロルのように入念なリハーサルをやったところで、たいていうまくいかない。なぜなら、そのようなリハーサルでは、通常「聴衆と目を合わせる」「両腕を広げる」「演台の前に出てくる」など、非言語要素について細かく指導されるが、実はそのような動きこそ、わざとらしさを与えてしまうからだ。話し手がそのように振る舞うと、聞き手は、話し手が何を考えているのか、その真意を見抜いてしまう。

では、計算されたボディランゲージが、嘘っぽく見えてしまうのはなぜだろうか。ここで登場するのが、脳の研究である。

実は、非言語コミュニケーション、すなわち第二の会話は、言葉に先行することがわかり始めている。つまり、何がしかの感情や衝動が脳の奥底で起こると、言葉が出てくる前に、まず第二の会話のスイッチが入るのだ。研究によれば、自然で無意識な動作はしばしば、次の瞬間の思考や言葉を示唆しているという。

言葉は、なぜそのような動作が生じたのかについて事後説明するものといえるかもしれない。

たとえば、「抱き合う《ハグ》」といった単純な動作について考えてみるとよい。「誰かを抱きしめたい」という衝動は、「会えて嬉しい」という思考がまとまらないうちに起こるもので、ましてや言葉として表現されてもいない。

また、一般的な会話を思い浮かべてみよう。同意する、反論する、解説するといった場合、まず動作が先に現れる。力強く頷く、首を振る、目をぐるっと回すといった動作は、いずれも言葉より早く、その人の気持ちを雄弁に表す。

たとえわずかな時間差であろうと、動作が意識的思考に先行し、意識的思考が言葉に先行するならば、スピーチの準備について、考え方を改めなければなるまい。

従来のやり方で指導されると、決まった動作を一つひとつ練習するため、動作はそれに関連する言葉と同時か、またはわずかに遅れて現れる。聴衆は、順序の不自然さを意識して見破るわけではないが、人にはもともとボディランゲージを読み取る力が備わっているため、何となく違和感を抱き、話し手のことを「信用ならない」と感じる。

四つの練習

あえて準備せず自然に任せても、また従来のやり方で万端準備しても、聴衆の心をつかむことができないとすれば、どのように大事なプレゼンテーションに備えればよいのだろうか。そのためには、スピーチの根底にある基本的な欲求を表出させることである。

その欲求には、次の四つの強い目的が含まれているべきである。うまくいったプレゼンテーションを見ると、ほぼすべてが、これらの目的を満たしている。

- 聴衆に心を開く。
- 聴衆と心を通わせる。
- 熱意を持って語る。
- 聴衆のメッセージに耳を傾ける。

スピーチのリハーサルでは、これらを念頭に置いてほしい。そして、これら四つの目的別に練習し、それぞれの目的にふさわしい心構えを持ってほしい。考えるのではなく、感じてほしい。そして、紋切り型の練習はもうやめなさい。

これらの感覚がつかめれば、ボディランゲージが身につき、正しいタイミングで自然に現れるようになる。なお、本稿で紹介する方法でスピーチを練習すると、言葉と非言語メッセージを一致させるために、一部の文言を見直さなければならない場合がある。本番では、これら四つの目的に神経を集中し続けることである。

ただし、ここにはパラドックスがあることに留意されたい。要するに、この方法は、計算されたプロセスによって、嘘偽りのない態度を実現するというものなのだ。

とはいえ、嘘偽りのない態度は、前述した四つの目的——私は「真意」と呼んでいる——から生まれる。これらの目的すべてを心と体で表現できれば、「嘘偽りのない人物」と見なされるだろう。その結果、聴衆との間に強い絆が育まれるだろう。

四つの真意

聴衆との間に絆を生み出すことは一筋縄ではいかない。そこで、四つの真意を引き出すためのアドバイスを紹介しよう。

「聴衆に心を開く」ための真意

これは、スピーチをリハーサルする際に真っ先に取り組むべきことで、またいくつかの理由から、何より重要である。なぜなら、心を閉ざしているように見えると、聞き手はあなたが身構えているように――話し手の目には、どういうわけか、我々が脅威に映っているらしいと――思ってしまうからだ。これでは、コミュニケーションは生まれない。

では、どうすれば心を開けるだろうか。気の置けない人たち、たとえば配偶者や親友、子どもなどの前でプレゼンテーションしているところを想像してみよう。どのような気分になるのかだけでなく、どのような場面が浮かんでくるのかにも注目してほしい。聞き手との間に忌憚のない関係を築くには、話し手がそのような気持ちになる必要がある。

想像するのが難しい場合は、実際にやってみるとよい。たとえば、何事にも辛抱強く付き合ってくれる友人を探し、その人の前で無理にでも心を開いてみる。その時の様子や気持ちについて振り返ってみよう。

ただし、ゴルフのスイングやテニスのサーブの練習に似たところがあって、頭を使いすぎてはならない。その時のしぐさや動作について、後で再現する際の妨げにならない程度に、頭の片隅に記憶するくらいがよい。

いきなり心を開くことに危険を感じる人も多い。かつて指導したＣＥＯは、情熱あふれる話し手だったが、聞き手の反応ははかばかしくなかった。このCEOは、少年時代、自分にとって最も意味あることについては、あえて感情を表に出さないようにしていたことを思い出した。彼の場合、この心に刻まれた経験を忘れさせ、会えば楽しい親友と話をする必要があった。

キャロルの話に戻そう。心を開いてプレゼンテーションに臨むように心がけたところ、話している時には満面の笑みが浮かび、表情も明るくなり、肩の力が抜けた。それまでは、知らずしらずのうちに表情がこわばり、聴衆によそよそしい印象を与えていた。

非言語行動が変わると、語る言葉も変わってくる。もっとオープンな態度を示そうとすると、自分の考えをありのままに語るようになる。そして、嘘偽りのない態度で、リラックスして話せるようになる。そのようなクライアントを、筆者は何人も見てきた。

「聴衆と心を通わせる」ための真意

心を開くことに取り組み、その状況、その感覚がわかったならば、スピーチの練習を再開する準備が整ったといえる。今度は、聴衆に集中するのだ。「聴衆の注意を引きたい、いや何としてでもそうしなければならない」状況を考える。

顔見知りの子どもがあなたの言うことを聞かないという場面を想像してみてほしい。その子の歓心を買うために、できる限りのことをするだろう。その際、特に作戦は考えたりせず、思うままに、当たり前のことをするだけだ。つまり、語気を強くするとか、声を大きくするとか、もっと近づくといったことである。

聴衆の場合、彼ら彼女らの注意をこちらに引き付けておきたいと思うはずだ。聴衆があなたの話にそっぽを向き、別のことを考えたりしないようにしなければならない。では、聞き手が幼い子どもでなく、一〇代の若者だとしよう。落ち着きのない聞き手に自分の話をちゃんと聞かせるには、どうすればよいだろう。

聞き手に心を開くことがゲームの参加料だとすると、心を通わせることは、彼ら彼女らをプレーさせ続けることである。キャロルは、聴衆たちと一つになろうとしたが、働きかけるのが遅すぎることに気づいた。実際、スピーチが終わる直前まで、彼ら彼女らに呼びかけたり、質問したり、会話を交わしたりしようとはしなかった。

そこで、次のプレゼンテーションでは、冒頭から動いてみた。聴衆の中でも、とりわけ売上げに大きく貢献した人たちに呼びかけたのである。すると、聴衆との間に絆が生まれ、スピーチが終わるまで、それが途切れることはなかった。

「熱意を持って語る」ための真意

あなたが強い思い入れを抱いているものは何か、自問自答してみてほしい。何が問題なのか。プレゼンテーションにどのような効果を期待しているのか。事業の見通しが明るく、気持ちが高揚しているだろうか。それとも、暗い見通しに屈託しているだろうか。その状況を改善しようと決心したのか。

注意を向けるべきは、これから言おうとしていることではなく、なぜそれを言おうとしているのか、どのように感じているのかである。

リハーサルでは、根底にある感情を表出し——ただし、その感情を認識しているならば、無理に表出させる必要はない——その感情を一語一句に込める。この時、みずからにプレッシャーをかける。たとえば、聴衆の中にキーパーソンがおり、熱弁を振るって、彼または彼女を説得しなければ、すべてが水泡に帰すことになると想像してみるとよい。

以前、某コンサルティング会社のシニアパートナーを指導したことがある。彼女は社内向けのスピーチで、この会社のいいところ、そして引退する時に次の世代に伝えたいと思っていることを話そうと考えていた。

彼女のスピーチは、熱意と勤労の大切さを説くもので、練習を始めた当初は、極めて明瞭だが、何とも退屈なスピーチだった。ところがその後、スピーチの裏に隠されていた感情を探ってみると、どのような艱難辛苦に遭ってもくじけないことの大切さを彼女に教えたのは、ダンサーだった母であることを思い出した。

そこで彼女は、スピーチの中で母への謝意を表すことにした。九二歳になる彼女は、そのダンサー人生において、人前で踊る喜びのためなら、どのような苦労や困難にも耐えてきた。涙はリハーサルではとんど流し切ってしまったが、その熱い思いは、みんなの心に刻まれた。

キャロルも、いささか散文的とはいえ、自分が何に情熱を抱いているのかを考え——それは、競り合っているライバルを打ち負かすことだが——それによって自分のプレゼンテーションにどのような感情を込められるのかを考えた。

彼女は、自分の情熱が自分のエネルギーと働く喜びの糧になっていることに気づき、次のスピーチでは、その情熱をいくらか込めて語ってみたところ、さっそく人間的で魅力ある話し手という印象を与えることになった。

「聴衆のメッセージに耳を傾ける」ための真意

演壇に上がり、プレゼンテーションを始める際には、聴衆の気持ちについて考えてみよう。将来に胸を躍らせているだろうか。それとも、売上不振のニュースに落胆しているだろうか。あるいは、合併してもクビにはならないだろうと高をくくっているだろうか。リハーサルでは、自分への反応を見逃さないよう、聴衆をつぶさに観察している自分をイメージしてみよう。

聴衆の気持ちを読み取ろうとすることは、言うまでもなく、本番のプレゼンテーションで最も重要である。聴衆は通常、話し手に話しかけてきたりしない。ただし、非言語メッセージは発しており、話し手はそれを取り上げ、それに対して何らかの反応を示す必要がある。

難しく聞こえるかもしれないが、そんなことはない。互いに人間であり、話し手がその気にさえなれば、聴衆同様、ボディランゲージを読み取れる。聴衆の身体的なメッセージを読み取れば、話すスピードを速めたり、言い方を変えたり、あるいは一部を変更したり、割愛したりしようとするだろう。その場でいきなり聴衆に質問してみるなど、聴衆と実際に会話を始めることになるかもしれないし、またそうなればなおよい。

プレゼンテーションの最後に質疑応答が用意されている場合、質問者の発言に一心に耳を傾け、一言でも聞き漏らしてはならないくらい重要であると、全身全霊を集中させようとするだろう。そして、知らずしらずのうちに、身を乗り出したり、うなずいたりしているだろう。しかし、もし事前に指導を受けていると、このように振る舞っても、不自然にしか見えない。

スピーチの最中に聴衆の身体的なメッセージを受け取り、これに適切に反応するには、スピーチの中身を完全に自分のものにしておかねばならない。それは、聴衆のメッセージを読み取り、プレゼンテーションを改善するうえでも役に立つ。

筆者は以前、大成功を収め、その秘訣をみんなに伝えるために全世界を行脚することになった営業担当役員を指導したことがある。彼女は、聴衆の言葉はもちろん、そのボディランゲージにも注意を払い、彼ら彼女らのメッセージを受け止めるようになって、聴衆は彼女の話を聞きたいだけではないことを知った。つまり、彼女に何かお返しをしたいと思っていたのである。

彼女のスピーチは人々のやる気に火をつけるもので、聴衆はそのようなスピーチをした彼女に感謝の気持ちを伝えたがっていた。そこで我々は、彼女のスピーチの終わり近くで、時間は短いが、大事な儀式を組み込んだ。聴衆が立ち上がって、互いに意見を交わしたり、彼女のスピーチから受けた刺激の一端を彼女に返したりできるようにしたのだ。

もう一度、キャロルの話に戻ろう。聴衆の気持ちを汲み取ることを心がけて、何回かスピーチをしたところ、自分の勘違いに気づいた。営業担当者たちは、彼女ほどライバルに危機感を抱いていなかったのである。そこで彼女は、次のプレゼンテーションの冒頭で、ストレッチゴールが重要である理由を、もっと時間をかけて説明することにした。

このように聴衆の気持ちを読んで修正を図り、また彼女のほうから聴衆に心を開き、聴衆と心を通わせ、熱意を持って語ることを心がけた結果、嘘偽りのない人物として認められる能力を身につけた。

第6章

ストーリーテリングの力

元 世界銀行 プログラムディレクター
ステファン（スティーブン）・デニング

"Telling Tales"
Harvard Business Review, May 2004.
邦訳「ストーリーテリングの力」
『DIAMONDハーバード・ビジネス・レビュー』2004年10月号

ステファン（スティーブン）・デニング (Stephen Denning)
世界銀行のナレッジ・マネジメントのプログラム・ディレクターを務めていた。著書として、*The Springboard: How Storytelling Ignites Action in Knowledge-Era Organizations*, Butterworth-Heinemann, 2000.（未訳）、*Squirrel Inc.: A Fable of Leadership Through Storytelling*, John Wiley & Sons Inc, 2004. などがある。

ザンビアの物語が世界銀行を変革した

一九九八年、私は教えを請うためにテネシー州ジョーンズボローの国際ストーリーテリング・センターを訪問した。数年前、世界銀行におけるナレッジマネジメントのプログラムディレクターを務めていた時、偶然にも「物語」の効力を知ることになったからである。

当時の私は、多くの企業幹部同様、感傷的で情緒的な態度を軽蔑していた。それゆえ、冷静な分析こそが正しいものであり、物語は害を及ぼすと考えていた。ところが、その考えを改めざるをえなくなった。それ以来、物語に着目し、これは具体的な事業目標に向かって組織を活性化するものだと考えるようになった。

一九九〇年代半ば、世界銀行の行員たちをナレッジマネジメントに巻き込むという目標を掲げた時、抵抗に近い違和感が組織の各所から湧き上がった。

組織に散らばる知識を集約させる必要性について話しても、誰も耳を貸してくれなかった。とにかく、少しでも興味を駆り立てようと、「パワーポイント」で作成した資料を使って、ナレッジシェアリングを組織の強みとして活かすことの重要性を力説した。

私の話を聞かされた行員たちは、ただ困惑しているかのようだった。捨て鉢になった私は、何でも試してみようという気持ちになっていた。こうして一九九六年、一つの物語を話し始めることとなる。

「一九九五年六月、ザンビアの小さな町で活動する医療関係者が、米国国立疾病予防管理センター（CDC）のホームページにアクセスし、マラリアの治療に必要な情報を入手しました。これは、世界最貧国の一つであるザンビアの、首都から六〇〇キロメートルも離れた小さな町で起こった出来事です。その点について思いをめぐらせてみてください。ここで我々が最も注目すべきは、世界銀行がこの件にまったく関与していないということです。貧困対策に関するさまざまなノウハウを持っているはずの我々が、何百万に及ぶ人々にその知識を提供する機会すらないのです。今後我々は、どのような組織になるべきなのでしょうか」

この短い物語は世界銀行の全行員にとって、従来とは異なる組織の未来像を描かせるきっかけとなった。のちにナレッジマネジメントが世界銀行の正式な優先課題に位置付けられた時、すでに醸成されていた行内の熱気を持続させるべく、また私は同じように物語を用いた。

こうして私は「ストーリーテリング」という手段を、より効果的に活用する方法を模索し始めた。そして――理性あるマネジャーならばそうするように――専門家に相談することにしたのである。

国際ストーリーテリング・センターで、私はプロのストーリーテラーであるJ・G・〝パウパウ〟・ピンカートンにザンビアの話を披露した。彼に意見を求めると「物語になっていません」と一蹴された。この時の私の心中を察していただきたい。

「描写が不十分で、物語になっていないのです」と師匠は指摘した。そう、心に訴えかけるものも、あらすじも、登場人物の人格を徐々に見せていくこともない。ザンビアのこの医療関係者とは誰か。彼女はどのような世界にいるのか。彼女の直面している問題が起こっているザンビアという見知らぬ土地はいかなる場所なのか。

師匠いわく「本当の物語にしたいのであれば、一からつくり直さなければなりません」。私が驚いたかといえば、そうではなかった。たしかにこの物語は面白みに欠けていたが、私は専門家である師匠の助言にも問題があることを確信していた。

それに気づいた時、私は重要な洞察を得た。すなわち「巧みに考え抜かれた物語には気をつけろ」ということだ。

物語は無味乾燥な数字でもわくわくさせる

その点について話を進める前に、もう少し物語に関する留意点を述べておきたい。物語がはたしてビジネスの世界で本当に役に立つのだろうか。このように思われる向きもいるだろう。その疑念についてならば、私には十分説明する自信がある。

頭の固い経営者たちに物語を話す場合、なかにはうつろな表情で聞いている人もいることをあらかじめ予測しておけばよい。慇懃な頑固者たちが集まり、どんより曇った視線を向けられても驚いてはならない。経営者の多くは、世の常識に照らして妥当と考えられる特有の思考様式に則って行動する。これは、ビジネス上の思考はしかるべき分析の上に立っている必要があると考えるためだ。

分析とは、つくり話や噂、憶測にひそむ曖昧さを払拭し、確固たる事実を究明するためのものである。観察や仮説、結論のあるところに分析はあり、分析者の希望や恐怖といった変数は排除される。すなわち分析の強みとは、客観性であり、没個性であり、無情さである。

この強みは同時に弱みでもある。分析の中にも気持ちを高ぶらせるものもあるかもしれないが、心に訴えかけることはめったにない。しかし、行動を起こさせるだけでなく、エネルギーと情熱を傾けるように人々を動機付けるには、まさにそれが不可欠なのだ。

企業の存続が問題となるような場面では、従来とはまったく異なる対応が要求される。その際のリーダーシップとは、人々が嫌がるような不慣れな行動を促すことである。情熱に水をかけるような数字の羅列、目をくらませる「パワーポイント」のスライドでは、この目的は達成できない。理路整然とした議論でさえ、何の役にも立ちはしない。

効果的な物語であれば、それが可能だ。ある状況下では、実際、他のいかなる手段も用をなさない。ビジネスで手本とすべき議論とは、数字に基づきつつも、たいていは物語になっている。ある種の因果関係を順序立て、一連の出来事を関連付けた物語に仕立て上げられているのだ。

物語は、無味乾燥で抽象的な数字さえも、わくわくするような目標をイメージさせる。私はそれを世界銀行でまさしく体験した。二〇〇〇年までに、我々はナレッジマネジメントのリーダーと見られるようになった。また、他の大企業でも同様の光景を目撃している。

どうしてジョーンズボローのストーリーテリングのプロがくれた助言に、私は違和感を抱いたのだろうか。

ディテールを最低限に留める

テネシー州を訪問した時期が幸いしたのだ。専門家の助言を二年早く求めていたら、何のためらいもなく彼の言葉を受け入れたことだろう。しかし私は、「物語の正しい話し方」などという制約に囚われず、すでにある程度の期間、組織にふさわしい物語という問題に無手勝流に取り組んできた。

誤解されては困るが、私がピンカートンの助言に従わなかったのはそのせいではない。ザンビアの医療関係者についてディテールを描くことはさして難しいことではないのだ。

彼女の人生や、仕事で直面したマラリアという災難、その日彼女が治療した患者の痛みや苦しみといったものを劇的に表現することはけっして不可能ではない。どのような予想外の展開があって彼女がザンビアの奥地でＰＣの前に座り、どのような試行錯誤を経てＣＤＣのホームページにたどり着いたかを語ることも可能だ。

そして、彼女がマラリアに関する必要な情報を見つけ、その情報がいかに患者の命を救うきっかけとなったかを生き生きと描くことで、勝利の瞬間を演出することもできた。この物語は紛れもない叙事詩になりえたのだった。

このように何もかも最大限に盛り込んだ表現は、たしかに無味乾燥な物語よりも人々の心をとらえる。しかし私は、ビジネスパーソンがこの類の手法で物語を話したところで、ナレッジマネジメントのように劇的で新しい取り組みには役に立たないことを、テネシーを訪問する前に学習済みだったのだ。

現在の職場は、表現力豊かな物語を吸収するだけの時間も忍耐も持ち合わせていない。そもそも幹部は、物語におおむね懐疑的である。聞き手の注意を引き付けようとすれば、分単位ではなく秒単位で要点を伝えなければならない。

また別の問題もある。たとえ考えに考え抜かれた物語に耳を傾ける時間があったとしても、詳細な描写は聞き手自身の状況とあまりに異なるため、かえって関連付けて考える精神的余裕を奪ってしまう。私がザンビアの医療関係者について語ったのは、ザンビアに注目してほしかったわけではない。みずからの状況に照らして考えてもらいたかったのである。

私がみんなに考えてほしかったのは、「CDCがザンビアの医療関係者の役に立てるのであれば、なぜ世界銀行がそれをできないのか」「我々の知識を結集させて、これらをホームページに掲載することで、活動の幅を広げられるではないか」といったことだ。

聞き手が、医療関係者やその患者を中心とした話に引き込まれると、このような問題意識をみずから抱き、これに答えるための気力が削がれかねない。言い換えれば、ザンビアばかりに興味を示されても困るのである。

ディテールを最低限に絞った物語のほうがむしろ効果的なのは、そこに質感がないゆえである。プロのストーリーテラーが不十分と見た点が、私の目的からすれば強みだったわけだ。

ジョーンズボローからの帰途、私は伝統的な物語の原則を学んだ。二〇〇〇年以上前、アリストテレスは『詩学』(注1)の中で、物語には「導入」(beginning) と「展開」(middle) と「結び」(end) が不可欠であると説いた。複雑な人物像、運命が逆転するような筋書き、そこから導かれる教訓が必要というわけだ。

物語の語り手がその場面を思い浮かべ、登場人物の感情をとらえ、物語に深く関与することで、聞き手はその物語の世界に引き込まれていく。アリストテレスの方法は『デカメロン』や『アラビアン・ナイト』、あるいは『トム・ソーヤの冒険』、さらに多くのハリウッド映画などで長年にわたって成功を収めてきた。

伝統的な物語には人々の心に訴える威力が備わっているものの、それだけでは人々の実際の行動を引き出すには至らない。

とはいえ振り返ってみると、私には見えていない側面もあった。この偉大にして豊饒な伝統が、時間が大きく制約されている実業界ではまったく無価値であると考えることは、すべての物語にディテールと彩りを望むのと同じくらい間違っていた。

後に私は、現在の組織でも伝統的な物語にも価値があることを理解した。実際、組織に物語を活用するうえで、驚くべき出来事を何度も体験した。

後ろ向きの物語と前向きな物語

二〇〇〇年一二月、私は世界銀行を退職し、ナレッジマネジメントのコンサルタントとして活動を始め、その延長で組織的に「ストーリーテリング」を活用するようになった。

そんなある日、ＩＢＭナレッジマネジメント研究所（ＩＫＭ）のディレクターであるデイブ・スノーデンと一緒に、ロンドンで開かれた公的機関や民間企業の幹部約七〇人を対象にストーリーテリングを習得するコースで講義することになった。

私が午前の部を担当し、世界銀行での体験について語った。ザンビアにまつわる物語などを効果的に伝えるには、聞き手に好印象を抱かせることが大切であると説明した。ところが、午後になって同じ講義を受け持つデイブが、私とは正反対の主張で熱弁を振るったのである。

その主張とは、ＩＢＭのみならずいかなる組織でも、単に前向きな物語には問題があるというものだった。たとえば、英国で語り継がれている「ジャネットとジョン」という子ども向けの話や、米国で語られる「ディックとジェーン」といった類のものは、あまりに優等生的で、かえって人々を不愉快にさせるというのである。

ジャネットとジョンがしでかした最悪のいたずらとは、中庭でボトルに入った水をこぼすというものだ。二人はそれを母親に告白して二度としないと約束する。そして、ジャネットは掃除を、ジョンは洗車を手伝うことになる。

この手の子ども向けのお話は、登場人物の行為を伝えるのではなく、どうすべきかを示そうとする意図が隠されている。デイブは聴衆に向かって「職場でこのような美しい話を聞かされた人は、現実にはこれと反対のことが起こるに違いないという否定的な連想を抱く」と語った。要するに彼のメッセージは、前向きな話には気をつけろというものだ。

デイブと私はワークショップの後、なぜ彼が物語のマイナス面に注目し、私が物語のプラス面を強調したのかについて議論した。後ろ向きの物語は前向きなそれよりもインパクトが強いという彼の主張には一理あった。

いかなる課題であろうと、その核心を伝えようとする場合、私自身も後ろ向きの物語を使っていた。人々は、成功よりも過ちから多くを学ぶからだ。

結局のところ、我々の見解は相互補完的であり、さまざまな物語は異なる目的のためにあることに気づいた。私が勧める物語は人々を動機付けるためにあり、デイブが勧める物語は知識を共有させるものなのだ。

彼が紹介した物語は、たとえばあるチームが目的に向けて努力したにもかかわらず失敗に至ったことを描写していた。それは、他の人が同じ轍を踏まないためである。

そのような物語を見つけるために、デイブは人々に成功談を話してもらうところから始めなければならない。たとえそれが、知識を共有するうえでは役立たないとしてもである。

この経験をきっかけに、私は物語を話す時の目的が、おのずとその形式を規定するということを知った。

当然のことながら、楽観的な話であろうと、それが真実であり、信頼に足るものでなければならない。世慣れたビジネスパーソンは、半分つくり話のような体験談など、とうに知り尽くしているからだ。行動を駆り立てるための物語には、成功の見込みがあり、優れた結果につながりそうな根拠が十分揃っていなければならない。

その一方、主に知識を伝えるための物語には真実以上のものが必要である。その目的は、行動を促すことではなく、理解を促し、無知ゆえに陥る落とし穴を気づかせることだ。人々を啓発するのではなく、慎重にさせるのだ。

ディテールを最低限に留めた物語は行動を誘うものだが、伝統的なエンタテインメント用の物語と異なる。そして、効果的な知識共有型の物語は前向きというより、むしろ後ろ向きのニュアンスが含まれている。

問題の本質を婉曲に伝える

事業の目標が異なる場合でも、物語はさまざまに活用できることを知って、そのような物語をつむぐと同時に、特徴ある物語を見つけ出せるようになった。それらは、必ずしもアリストテレスの方針に従っているわけではないが、多くの組織で効果を発揮した（**章末**「物語のパターン」を参照）。

物語が果たす役割については、意外な発見が続いている。その一つは、後ろ向きの物語に価値があるならば、退屈な物語にも価値があるというものだ。ジュリアン・オアは自著の中で、ゼロックスのコピー機の保守技術者の間で交わされた話を紹介している。(注2)

これは詳細な記述が見られるものの、ザンビアの話よりも物語性に乏しい。技術者が直面する技術上の問題に解決策を提示する話の大半には、筋書きも登場人物もない。実のところ、とうてい物語と呼べるものではなく、奥義ともいえるこの問題に直接関わる人以外、誰の関心も引かないような代物だ。

ではなぜ、このように特定の人々が関心を示したのだろうか。それは次のように、行動と結果の間にある因果関係について詳述していたからである。

「故障したコピー機がＥ０５３というエラーコードを表示していたら、二四ボルト電源保護装置に問題があるということである。ところが、この問題をえんえんと遡って究明することはできても、その原因は絶対に突き止められない。運がよければＦ０６６のエラーコードにたどり着く。すなわちそれが、ダイコロトロンのショートという故障の真の原因を指しているのである。明らかにこれは、ダイコロトロンのショート時に起こったであろうダメージを防ぐために、ＸＥＲボードの回路が変更されて起こったのだ。回路が変更されなければ、ショートしたダイコロトロンはＸＥＲボード全体を破損しただろう。回路を変更することで、ＸＥＲボードへのダメージを防いでいるが、別の問題も持ち上がる。Ｅ０５３のエラーコードは、故障の真の原因を伝えてはいないのである」

若干簡約されたこの話は、技術者が問題を正確に診断したことを記述したのではなく、物事がどのような因果で起こったのかを伝えるものだ。それゆえ、話の調子はひたすら淡々としており、部外者にはほぼ理解不能でありながらも、読者対象である関係者には有用で面白い。

探究を続けるにつれて、特に興味をそそられた分野が物語とリーダーシップの関係である。すでにさまざまな経験を通じて、組織的な行動を引き出す触媒として物語が効果的であることを私は知っていた。

そこに、リーダーシップに関する示唆に富んだ二冊の本と出会った。ハワード・ガードナーの『リーダーの肖像（注3）』と、ノール・Ｍ・ティシーの『リーダーシップ・エンジン（注4）』である。

これらの二冊はリーダーの人となりを聴衆に具体的に伝えるうえで、物語がいかに有効であるかを記している。物語はリーダーの誠実さへの信頼を深めるばかりか、所与の状況でどのように行動するかについて指針を示す。

さらに、企業の価値観や信念といったプラス面を従業員の精神に浸透させるために、リーダーが物語を利用することもある。たとえば、ずたずたになった価値観を修復しようと試みたタイコ・インターナショナルの例を考えてみよう。

同社はいじめや利害の衝突、不正行為などに関する新しいルールを敷いた、わかりやすいマニュアルの作成にも取りかかった。しかし、コーポレートガバナンス担当バイスプレジデントのエリック・ピルモアは、マニュアルは単に明文化されただけで、すぐに棚の上でほこりを被るだろうことを見抜いていた。

そこで、この作業をいったん中断し、生きたルールを根づかせるべく別の方法を探した。以下の物語は、セクシャルハラスメントなどの行為に関する項目を補足した修正ガイドラインの一部である。

「トムはゲイであると、チームの全員が冗談を飛ばしていた。トムは一言も文句をこぼすこともなく、またいっこうに気にとめる様子もなかった。しかし、マークがトムと仕事をするようになると、今度はマークが例の冗談の矛先になってしまう。マークは上司に仕事を変わりたいと願い出て、その要望はかなえられた」

ハラスメントに関する方針はガイドラインに明記されてはいるが、この簡潔な物語がそのポリシーを生きたものにし、そこに内在する複雑な問題について考えさせ、討論する出発点となる。同様に、多くの物語は企業のさまざまな方針を説明できる。

想像力を駆り立てる

この種の物語は、比較的予測可能な範囲でリーダーシップの目標を推し進めるだろう。ところが、私が出会ったその他の物語はかなり曲者で、ビジョンを伝えようとする類いのものは、とりわけ顕著だった。

ノール・M・ティシーは『リーダーシップ・エンジン』の中で、組織を変革に向けて準備させる重要性を論じている。「人間を未知の領域の事業に導く最良の方法は、最初に想像の世界へ彼らをいざない、それを馴染みのある好ましいものにすることである」

まさにそれなのだ。人々の想像力へ最も強力に働きかける物語が不可欠なのである。

しかし、さまざまな場面でそのような物語の事例を見てきた私は、成功している物語の多くが、予測する未来について驚くほど大ざっぱであることを知った。

ウィンストン・チャーチルの「我々は浜辺で戦う」というスピーチや、マーチン・ルーサー・キング・ジュニアの「私には夢がある」というスピーチについて考えてみよう。これらの有名な演説には、聴衆が頭の中で未来を身近なものと感じるほどのディテールが描かれていない。

その後、シナリオプランニングという仕事に携わることで、私はその理由に気づくことになった。将来についての具体的な予測は間違いであることが露呈しやすい。そのような予測は、多かれ少なかれ、まず結果と異なるため、それを宣言するリーダーは人々の信頼を失うリスクを負うことになる。

したがって、人々に変革への準備を促す物語は、あまり具体的に記述することなく、曖昧に未来を喚起し、そこに至る方向を見せる必要がある。

「ゼネラル・エレクトリックは、ナンバーワンもしくはナンバーツーになれない分野からは撤退する」というジャック・ウェルチの有名な発言の中で示された、企業の将来について考えてみよう。

これは、ウェルチが企業が進むべき方向を、明快ではあるものの、大ざっぱに表現したものである。理由は異なるとはいえ、ザンビアの物語と同じく、あまり多くの情報を伝えてはいない。

また、前向きな対応というより受け身の対応を求める、やや特殊な状況で使われる物語にも遭遇した。このような物語は、組織の中をウイルスのように伝染していき、組織全体を感染させ、後ろ向きの物語を中和する。

IKMのデイブ・スノーデンは、このような場合における物語の活用法について最初に教えてくれた人物である。彼の仮説は、抗原を退治するために抗体が存在するごとく、受け身の姿勢を中和するために、後ろ向きの物語に前向きな物語を付け足すというものである。

たとえば、英国にあるIBMのノートブックPCの生産基地では、工場労働者の間で工場管理者に関する話題が広まっていた。それは、「何も仕事らしいことをしていない」「給料泥棒」「生産の現場がわかっていない」といった非難である。そこに次のような話が付け足された。

ある日、何の前ぶれもお供もなく、新任の現場監督が白衣姿で現れ、「シンクパッド」の生産ラインに腰かけていた。生産ラインの作業者に助けを求めた彼に誰かが尋ねた。「あなたの給料は私たちのそれよりも高いのはなぜですか」

彼の回答は簡潔であった。「あなたが大失敗したならば、あなたは職を失うことになるでしょう。でも、私が同じように大失敗を犯したならば、三〇〇〇人の社員が職を失うのです」

伝統的な物語とは異なるが、このマネジャーの言動は「怠慢で給料をもらいすぎているマネジャー」への批判に対抗する形で流布する物語の原型となった。「驚いたね。彼がその回路板の扱いに四苦八苦するところを見るべきだったよ。彼が生産ラインで働くことはないね。でも、その報酬に見合った働きはあるようだ」

こうして工場内の雰囲気は、数週間で改善し始めたそうだ。

＊　＊　＊

組織の中でさまざまな目的のために使用される物語を類型化し、一覧表として提示するには、まだまだ多くの研究が必要である。私の取り上げた数種類の物語は、一つの足がかりでしかない。しかし、リーダーがいろいろな方法で物語を活用できることを知り、検討を始めるきっかけになれば幸いである。

時機を得て、正しい物語を語る能力が確実に不可欠のリーダーシップスキルとなるだろう。それは、二一世紀の動乱の世界にマネジャーとして立ち向かい、しかるべき成果を出すうえで、必ずや役に立つはずである。

物語のパターン

物語は、経営上の目標を実現する手段として認知されている。しかし、リーダーはさまざまな目的に応じて物語のパターンを選択すべきである。

行動を引き出す

リーダーシップとは人々を変革に導くことにほかならない。

目標を達成するために、ある時は変革の本質――それはさまざまな要因が絡み合う複雑なものだ――を語り、またある時は組織が熱意を持って実行に取り組めるように、その疑念を振り払い、また鼓舞しなければならない。

私はこれを「踏み切り台型物語」(springboard story)と呼ぶ。聞き手の一人ひとりがみずからが置かれている状況に求められる変革を思い浮かべ、その実現に向けて行動できるように促すのである。

この類の物語は、現実に起こった出来事に基づき、関連性が高いと考えられる最近の事例が望ましい。聞き手がそれとわかる主人公が一人いて、もちろん変革が部分的にでも成功裏に実行されるというハッピーエンドがよい。ただし、変革に至らなかった結果として生じる不幸な結末を描く暗示的な終わり方もある。

物語の中に、わかりやすく信頼に足る描写がふんだんに織り込まれていても、ここでカギとなるのは、聞き手が完全に引き込まれてしまうような表現は避けることだ。

このような物語は人々に、変革に向けた類似のシナリオをつくり出す精神的余裕を与えない。たとえば、あなたが組織に新しい技術を導入したい場合、それに成功した人の話を細部に立ち入らずに語るとよい。

みずからの人となりを伝える

人々があなたを信頼していなければ、変革を語ったところで誰もついてこない。あなたを信頼するには、あなたを知らなければならない。あなたが誰で、どこから来て、その思想をいかに形成したかについてである。これは、あなたを理解するのみならず、理想的には、あなたに共感してもらうためでもある。

この類の物語は、多くの場合、リーダーの強さや弱さを垣間見るような人生の出来事に基づきながら、その体験から何を学んだかを伝えるものだ。

たとえば、ジャック・ウェルチがゼネラル・エレクトリックを勝者へと導き成功した背景には、間違いなくみずからの体験を語る能力を持ち合わせていたことがあるだろう。

彼がアイスホッケーの試合で惨敗を喫し、スティックを氷上に投げ付けた時、母親が浴びせた叱責の言葉が端的な例だろう。『ジャック・ウェルチ　わが経営』(注5)に紹介されている回想によれば、母親は「おろか者。負け方を知らなければ、勝ち方がわかるわけがないでしょう」と言ったそうだ。

行動を引き出すための物語と違い、この物語はたいてい詳細な描写と文脈があり、内容も緩急に富んでいる。それゆえ語り手は、聴衆に物語を聞く十分な時間と関心を与えるように配慮しなければならない。

価値観を伝達する

物語は、組織の価値観を浸透させるうえで効果的なツールとなりうる。特に不正行為にまつわる具体的な規定を設けることで、将来起こりうる問題に先んじて手を打つといった際に有効である。

この種の物語は、「物事がどのように解決されてきたか」について、聞き手が理解できるようにするという目的がある。

その多くが例え話を用いることとなろう。宗教における指導者たちは何千年にもわたり、その価値観を伝えるために例え話を活用してきた。そこでの物語は概して、特定できない過去に設定され、文脈を明確にする描写もほとんどない。

ただし文脈を設定する場合、聞き手に関係する類のものが望ましい。その事実関係は仮説でもかまわないが、信頼できるものでなければならない。たとえば、サプライヤーとの裏取引によってたどる惨めな結末などだ。

もちろん、物語だけで価値観を定着させることは難しい。リーダーは日々、価値観とともに歩まなければならないのである。

コラボレーションを育む

あらゆる企業経営の教科書がコラボレーションの価値を説いている。しかし、現実に実践するために提示されるアドバイスの多くが、単に「対話を促せ」と述べるに留まっている。至極もっともではあるが、いったいどのように対話を促せばよいのだろうか。

解決策の一つは、グループの懸案事項と目標に関連して、共有できる物語を編み出すことである。グループの誰かが語り始め、最初の話が新たな話を引き出し、また別の話へとつながっていくのが理想的である。

このプロセスが続いていけば、グループメンバーたちは、コミュニティとしての連帯感を醸成するような価値観をつくり出すことだろう。

最初の物語が強く感情に訴えかけるものであれば、別の人も話したくなったり、もっと多くの話を聞きたくなったりする。具体的には、困難に見舞われた職場で、いかなる奮闘があったのか、活きいきと表現するといったものがある。

このプロセスが起こる最高のタイミングは、メンバーがおのずと語り出したくなるようなテーマがグループ内に生じた時だ。この場合、計画の準備が整い、物語を共有したことで生まれるエネルギーが即座に行動に結び付くことが望ましい。

噂を管理する

あらゆる組織において、噂は縦横無尽に行き交うものだ。「この話、知ってる?」というささやきが呼び起こす反響は、経営者にすれば頭痛の種である。噂を否定すれば逆にその信憑性を高めるだろう。また、噂の発信源を尋ねれば、その広がりに一役買うことになる。

また、完全に無視すると、もはやコントロールできない展開を容認することにもなりかねない。買収や組織再編、役員人事といった、組織の将来にとっての重大事項に関連した噂は、従業員の気を散らし、いっそう悪い事態を招かないとも限らない。

この場合、あなたに何ができるだろうか。一つは、クチコミ効果を利用して、噂を骨抜きにするのだ。物語を利用して「ゴシップは真実でも適当でもない」と納得させるのである。

その際、物語では噂と現実との相違点に焦点を当てる。噂の力を削ぐために、噂そのもの、噂の発信者、あなた自身をも笑い飛ばすような軽い皮肉を用いるのだ。

たとえば、「緊急の全社規模の組織再編」といった根も葉もない噂について、経営企画部が執行役員会の座席表をめぐる一悶着をいかに決着させようとしているのか、面白おかしく語ればよい。

しかし、ここで忘れてならないのは、ユーモアが裏目に出ることがあることだ。姑息な手段は、それに見合った反撃を招きかねない。解決の秘訣は、あらゆる組織に存在する「巨大な地下水脈」、すなわち非公式なコミュニケーションに逆らわず、その流れに沿って働きかけることだろう。

もちろん噂が真実である、あるいは多少なりとも当たっている場合は、噂を笑いの種にして、忘却の彼方に追いやることは難しい。その場合、噂の真相について認め、きちんと位置付けたうえで取り組むほかない。

知識を共有する

組織内の知的資産の大半が、いかなる文書にも記されることはなく、ただ人々の頭の中にある。組織内あるいは組織の枠を超えてノウハウを伝達する場合、物語の共有といった非公式ルートが用いられることが多い。知識を共有するための物語は、ヒーローも筋書きもない風変わりなものとなる。どのように問題が解決されたのか、あるいは解決されなかったのかを語るケースが多く、そこには問題とそれが設定された理由、解決策、説明が含まれる。

新しいシステムを導入する際に社員たちが直面する課題など、問題に焦点を当てた物語は後ろ向きの中身になる傾向が強い。また、特定の解決策が奏功する理由を詳細に述べていくため、対象グループ以外の関心を集めることは無理だろう。

これでは面白みにも、また伝統的な物語にある多くの要件にも欠けるのだが、組織のための物語と考えた場合、あまりぱっとしないとはいえ「有効な手段」といえよう。

企業の中では、何らかの問題に焦点を絞った物語の場合、そう簡単に伝播していくことはない。たとえば、過ちを認めることで露わになる結果を恐れるといった事態のみならず、成功の喜びの渦中にあると、その過程で得た教訓を忘れてしまいがちで、広まる前にそこで止まってしまうのだ。

知識共有の物語は人々からあえて聞き出さない限り、容易に集まってこない。また、何がうまくいかず、どのようにそれを解決できたかについて語らせるには、まず成功談に耳を傾けなければならないことが多い。

人々を未来に導く

リーダーの重要な任務は、具体的な現実のシナリオであろうと、ビジョンといった概念的なものであろうと、部下たちに未来への備えを励行させることである。物語は、聞き手に未来のイメージを抱かせ、いまから進むべき未来へ向かわせる。

もちろん、予測できない未来について信頼性の高い物語を編み出すことは困難だろう。それゆえ、そのような物語が目的に資するには、間違いをさらすことになりかねないディテールの描写を避け、未来に向けた聞き手の想像力を刺激するとよい。聞き手は、予想外の紆余曲折を伴いながら未来を展開し、自分の想像の中で物語を再

表現上の工夫

「想像してみてほしい」

「もしそうならば」


「彼のことをいままで知らなかった」

「彼女が何を目指しているかがわかったよ」


「まさにそうだ」

「なぜ我々はそれをしないのだろう」


「それは、私が〜した時のことを思い出させる」

「私にも似たような経験がある」


「まさか」

「そんなこと考えたこともなかったよ」


「そうならなかったのは神様のおかげ」

「これからは気をつけたほうがいい」


「我々はいつ始めるのか」

「さあやろう」

図表**6**｜**パターン別：物語の特徴**

あなたの目的	必要な物語	語るうえで必要なこと
行動を引き出す	成功した変革が過去にいかに実施されたのかについて述べ、聞き手がみずからの状況に当てはめた時、どのように活かせるのかを想像できるようにする。	聞き手の関心を聞き手が抱えている課題から逸らすことにならないよう、必要以上に詳細に言及することは避ける。
みずからの人となりを伝える	聴衆の関心を引き付けるドラマを提示し、自身の経験から強みと弱みを見せる。	意義のあるディテールを提示することが重要だが、聞き手にはあなたの話を聞く時間的余裕と姿勢を与えるように配慮する。
価値観を伝達する	聞き手に親近感を抱かせ、推し進めるべき価値観から生じる問題について議論を促す。	たとえ仮説であろうと、信頼できる人物描写と状況設定を忘れることなく、物語があなたの行動と一貫していることを、けっしてなおざりにしてはならない。
コラボレーションを育む	聞き手にも身に覚えのあるような状況を感動的に語り、それに関連した実体験を共有するように促す。	設定した課題が、この物語の共有を阻害しないように留意する。アクションプランは、この物語の連鎖反応によって解放されるエネルギーを吸収できるように準備すべきである。
噂を管理する	多くの場合、軽いユーモアで噂の一面に光を当てて、それが事実無根であることを明らかにする。	卑劣な手段を避ける。噂が本当に噂であることを確かめる。
知識を共有する	失敗に着目し、その状況がいかに解決され、解決策がなぜ奏功したのかについて詳しく説明する。	代替案、もしくはより優れた解決策を提案してもらう。
人々を未来に導く	あなたが創造したい未来を、最終的には間違いであったなどとならないよう、過剰に描写することなく、人々の関心を促す。	話術を磨く。もしくは、過去が未来への踏み切り台となるような物語を用いる。

編集できるはずだ。

その未来はまさしく前向きに描かれるべきである。何を避けるべきかよりも、何を目指すべきかを示したほうが、変革へのためらいを拭い去ることができる。

未来を喚起するような物語は極めて高度な言語能力を要する。もちろん、すべてのリーダーがそのような能力を兼ね備えているわけではない。

そこで、先に述べた踏み切り台型物語がその代替となりえる。すでに起こった変革の話を聞けば、それが将来どのように展開するのかを、聞き手は想像できるものだ。

【注】

(1) Aristotle, *Poetics*.（邦訳『詩学』岩波文庫）。

(2) Julian E. Orr, *Talking About Machines: An Ethnography of a Modern Job*, Cornell University Press,1996.（未訳）

(3) Emma Laskin, *Leading Minds: An Anatomy of Leadership*, Perseus Books Group,1995.（邦訳『リーダーの肖像』青春出版社、二〇〇〇年）を参照。

(4) Noel M. Tichy and Eli Cohen, *The Leadership Engine: How Winning Companies Build Leaders at Every Level*, HarperCollins,1997.（邦訳『リーダーシップ・エンジン』東洋経済新報社、一九九九年）を参照。

(5) Jack Welch, John A. Byrne, *Jack: Straight from the Gut*, Warner Books Inc, 2001.（邦訳『ジャック・ウェルチ わが経営』〈上下〉日本経済新聞社、二〇〇一年）を参照。

第7章

共鳴の演出法

カリフォルニア大学デイビス校 准教授
キンバリー D. エルズバック

"How to Pitch a Brilliant Idea"
Harvard Business Review, September 2003.
邦訳「共鳴の演出法」
『DIAMONDハーバード・ビジネス・レビュー』2004年10月号

キンバリー D. エルズバック
(Kimberly D. Elsbach)
カリフォルニア大学デイビス校准教授。

第一印象は最初の〇・一五秒で決まる

独創的なアイデアを考え出すのは簡単だが、これを初対面の人に売り込むのは難しい。起業家、営業担当役員、マーケティングマネジャーが、新規事業計画や創造的なコンセプトの実用性、あるいは高い収益性を伝えようと苦心惨憺しているが、その真価を理解できたとは思えない意思決定者にはねつけられるケースが実に多い。なぜだろうか。

問題は、アイデアそのものの質と同じくらい、「ピッチャー」（売り込む人）自身の特性にある。「キャッチャー」（売り込まれる人）は提案内容だけでなく、ピッチャーの独創性も評価する場合が多い。

実用的なアイデアを考え出す能力が高いのか低いのかという判断は、アイデアの価値そのものへの評価に即座に影響を及ぼす。そして、一度形成されてしまった見方はその後もずっと尾を引く。

人は誰でも、自分自身の実力を慎重かつ客観的に評価してほしいと思う。しかし実際には、整然と区分けされたカテゴリーに勝手に分類されてしまう。そう、我々は他人を評価する時、何らかの型にはめるのである。したがって、初対面の人へのプレゼンテーションを準備する場合、聞き手はあなたを何らかのタイプに分類するだろうことを頭に入れておかなければならない。しかも、この分類作業は短時間のうちになされてしまう。

ある研究によると、私たちは人を〇・一五秒以内に分類できるそうだ。であるならば、聞き手はあなたの性格について、三〇分以内に覆すことのできない判断を下しているかもしれない。

このことは、私が五〇〇億ドルの市場規模を誇る、米国の映画・テレビ業界を長年調査してわかった事実である。本調査は、ハリウッドの業界幹部五〇人――シナリオライターが持ち込むアイデアを評価する人たち――の協力を仰いで実施したものだ。

調査は六年にわたり、私はその間、シナリオライターが初対面の意思決定者に向けた何十件ものプレゼンテーション（一回三〇分）に立ち会い、その後でピッチャーとキャッチャーの双方に話を聞いた。その結果、このような一か八かのプレゼンテーションの場合、ピッチャーの独創性の評価については瞬時に下されることが明らかになった。なお、そのシナリオが首尾よく受け入れられた場合、一〇〇万ドル単位の契約につながることもしばしばである。これは、デトロイトの大手自動車メーカーの新車開発や、ニューヨークの大手広告会社のマーケティングキャンペーンに匹敵する規模である。

この調査結果が、ハリウッド以外のビジネスにも当てはまるのかどうかを調べるため、私は製品デザイン、マーケティング、ベンチャーキャピタルなどのプレゼンテーションに立ち会い、初対面の人が提案する独創的だが、一か八かのアイデアを審査する企業幹部の話を聞いた。そして、映像産業の場合と酷似した結果が得られた。

キャッチャーは、独創性というとらえどころのない特性を評価し、検証する客観的な手法を持ち合わせていない。そのためキャッチャーは、いかに経験豊富な人であっても、主観的な判断基準を用いてピッチャーを評価する。しかし、この基準は的外れのことが多い。さらに困ったことに、キャッチャーが「この人は独創的ではない」という感触を抱けば、成功のチャンスは遠のくばかりなのだ。

もう一つ、調査結果から明らかになったことがある。キャッチャーみずから、アイデアづくりに参加していると感じた場合、肯定的な反応を示す傾向があるということだ。キャッチャーに自分も参加者であるという実感を抱かせるのがうまいピッチャーは、次の三つのタイプのどれかに分類される。

❶興行主タイプ

独創的なひらめきと、制作ノウハウの両方を兼ね備えたプロフェッショナルという印象を与える。

❷アーティストタイプ

奇抜だが洗練されたイメージではなく、また月並みな現実世界よりもクリエイティブなアイデアの世界を好むという印象を与える。

❸初心者タイプ

若くて経験が浅く、世間知らずといった印象を与える。あるいは、そのように装う。

キャッチャーを創造のプロセスに巻き込むために、興行主タイプは自分の力と相手の力との差を意識的に平準化しながら、同じ土俵に乗せる。アーティストタイプは力の差を逆転させようと試み、初心者タイプは力の差を利用する。

この調査結果はピッチャーにとって決定的な意味を示している。つまり、これら三つのタイプのどれかに属するという印象を与え、キャッチャー自身が「自分は創造の協力者である」という意識を抱くように仕向けることによって、アイデアの売り込みに成功する確率が高まるからである。

一方、この調査結果はアイデアを買う側にも意味がある。キャッチャーは「人格モデルに頼らないよう気をつける」という教訓である。

プロジェクトをスタートさせられない人の売り込みに目をくらまされるのも、またアイデアを実現できる創造的な人を見過ごしてしまうのも珍しいことではない。だからこそキャッチャーは、すべてのピッチャーを慎重に吟味しなければならない。

組分け帽子

一九七〇年代の末、当時スタンフォード大学の博士課程にいたナンシー・カンター（現イリノイ大学）と、その担当教授のウォルター・ミッシェル（現コロンビア大学）は、人は誰でも一連の人格モデルを用いて、初対面の人に会った瞬間、その人を分類することを明らかにした。

二人はこれを「パーソン・プロトタイプ」（人格原型）と呼んだ。瞬時に人を型にはめて見るのは不公平だが、自分の考える型に相手を合致させようとする「プロトタイプ・マッチング」は人間心理に深く根差したものであり、意識して抑制しない限り、このような心理的作用は止めることができない。

エール大学で創造性について研究している認知心理学者、ロバート・J・スタンバーグ(注1)は、人が第三者の創造性を評価する時に使う、このプロトタイプ・マッチングは「創造的な人は何らかの特性を備えているという暗示的な信念に起因している」と説く。

たとえば「因習に囚われない」「直感的である」「感受性に富んでいる」「自己中心的である」「情熱的だ」などは、創造的な人の特性と考えられている。「若さ」もまた、その一つといえるかもしれない。我々は、創造的と称される人との直接的な経験、たとえば隣に住む一五歳のギタリストと友人だったなど、あるいは間接的経験、たとえばパブロ・ピカソに関する話を聞いたといった出来事を通して、その人の人格モデルをつくり上げていく。

初対面の人からアイデアを売り込まれた場合、そのような暗黙の人格モデルと、視覚的もしくは言語的に一致する点を探し出して、その人のタイプを決定付ける特徴だけを記憶に留める。そして、無意識のうちに、創造性を備えていると感じれば加点し、判断がつきにくい人やそうとは思えない人格モデルに当てはまる人は減点する。

経営陣は、週に何十件、場合によっては一日に何十件というアイデアを評価しなければならない。そのようなあわただしい環境にあって、アイデアをより客観的に評価しようという人はあまりいない。そこで『ハリー・ポッター』に出てくる「組分け帽子」(注2)のように、彼らはピッチャーを瞬時に分類する。だめなアイデアを素早く見分けるために、ネガティブな人格モデルを使うのだ。

あまり創造的とは評価されない人格モデルには四種類あるが、これらのどれかに分類されたならば最後、プレゼンテーションは始まる前からすでに終わったも同然である(**章末**「プレゼンテーションに失敗するタイプ」を参照)。

実際、プレゼンテーションの多くは消去法で決まる。私の経験では、最初のプレゼンテーションを突破して次の段階に進むアイデアは、わずか一%である。ピッチャーにすれば何とも不幸な話だが、人格モデルに基づいて消去するのは簡単である。悪い印象は好印象よりも目立ち、記憶に残りやすいからだ。

アイデアの売り込みを成功させる人——私が観察したうちのわずか二五％——は、即座に拒否されないように、相手を創造のプロセスに巻き込んで形勢を逆転させる。彼ら彼女らは自分のアイデアに情熱を注ぎ、キャッチャーにも「光る」チャンスを与える方法を探し出す。そうすることで、自分は好感の持てる協力者であるとキャッチャーに思わせるのだ。

「アイデアづくりに協力してくれと頼まれるのは『誘惑』と同じです」と、オスカー像を手にした監督兼プロデューサーのオリバー・ストーン（注3）は言う。

プロデューサーにアイデアを売り込もうとしているシナリオライターに、ストーンはこのように助言する。「相手にとって完璧なストーリーとなるように、いったん引き下がって、相手が必要とすることをアイデアに反映させることが大切です」

前述した優れたピッチャーはいずれも、売り込みを成功させるテクニックに長けている。以下に、それぞれのテクニックを紹介しよう。

興行主タイプ：デュエットを奏で、ひねりを効かせる

ハリウッドと同様に、一般の企業社会でも、総じて興行主タイプは、創造的なアイデアや情熱だけでなく、ビジネスに貢献する可能性の高いアイデアに関する第六感を持ち合わせているものだ。*Defying the Crowd* の著者、前出のロバート・J・スタンバーグと、パリ大学教授のトッド・I・ルバートは、これを「実践的知性」と呼んでいる。

興行主タイプは、たとえばマーケティング担当者に新しいデザインコンセプトを売り込むに当たって、カリスマ性と機知を発揮する。同時に、業界標準に従いながら、かつ制約された資源の中でそのアイデアを開発できると、相手に納得させるだけの技術的なノウハウも見せ付ける。そのようなアイデアを生み出すのは興行主タイプに限られるわけでもなければ、また彼らがその所有者であるわけでもない。しかし、そのようなアイデアの大半を現実化させることができるという、組織内でも稀な人種である。

興行主タイプの典型例は、キッチン用品の発明家兼宣伝マンとして有名なロン・ポピールである。ハンサムで、その髪はいつもきちんと整っており、乱れることがない。実は、何を隠そう、彼はデザインの達人であり、また舞台監督でもある。

ポピールが考案した「ロンコ・ショータイム回転肉焼き器&バーベキュー」は、驚異的な成功を収めている。マルコム・グラッドウェル[注4]は『ニューヨーカー』誌の記事でこれを取り上げ、ポピールのエンタテインメント・スキル、すなわち「あなたの人生を変える発明商品である」と情熱的に実演する能力とその事業手腕を、みごとに発揮している様子を伝えている。

ポピールは、商品をみずから実演紹介するテレビCMにおいて、最もカメラ映りがよい鶏肉の状態、つまり輝くばかりのキツネ色にローストされるようにたえず気を配る。また、肉汁をしたたらせながら回転する鶏肉が、テレビCMと寸分違わず家庭で料理するユーザーにも見えるように、肉焼き器のガラスに照り返しを抑える工夫を施している。

私が最初に観察した、あるハリウッドのピッチャーは興行主タイプだった。彼は会議室に入るなり、いかにも創造性あふれるタイプという印象を映画会社の幹部たちに与えた。これは一つには、アイロンのかかったジーンズと黒いタートルネックのセーター、品のよいスポーツコートのせいもある。肩までかかる長い清潔な髪は漆黒で、白髪とは無縁に思われた。

彼は、ロビン・フッド伝説に基づいたテレビ番組シリーズ（週一回放映）を売り込むためにやってきた。マーケティングの経験があるのは、誰の目にも明らかだった。彼はまず、以前に企画したコミック本を下敷きにしたテレビ番組の話から始めた。この番組が、ランチボックスや風呂用のおもちゃ、アクションフィギュアなど、キャラクターグッズのマーケティングでかなりの成功を収めたことを語った。

興行主タイプは、お互いの知識を交互に披露する「デュエット」に相手を引き込むことで、共通の土俵をつくる。通常、自分が覚えていることや、よく知っていることについて、相手の反応を引き出すことから始める。次のやり取りを見てみよう。

ピッチャー（P）：エロール・フリンの『ロビン・フッド』を覚えておいでですか。
キャッチャー（C）：もちろん。僕の子ども時代のお気に入りの映画の一つだったからね。
P：そうですね、あれは名画でしたね。その次が、ケビン・コスナーの『ロビン・フッド』でした。
C：あれは前作よりずっと暗かった。それに、オリジナルほど情熱をかき立てられなかったよ。
P：でも、特撮はよかったですよ。
C：そうだったね。

P：この、新しいシリーズに加えたい「ひねり」がそれなんです。
C：特撮かね。
P：ええ、『ロビン・フッド』のSF版です。ロビンの陽気な仲間の一人が、ゾッとするようなものから素敵なものまで、ありとあらゆるものを呼び出せる魔法使いという設定なんです。
C：それ、気に入ったよ。

ピッチャーは、ひとしきり共通の思い出や見解をやり取りしながら、みずからチャンスをお膳立てする。特に、よく知っている映画を思い出し、それについての意見を求めることで、相手の関心を引き付ける。そして相手の反応から、その人の知識や興味のレベルを把握し、それに基づいて話を進め、最後に、プロデューサーと監督にひねりを使って、自分のアイデアの核心に触れさせる。

興行主タイプはまた、即興にも長けている。おかげで、プレゼンテーションがまずい方向に流れ始めると、即座に方向転換できる。ある広告代理店と、見込み客である大手スポーツネットワークとのやり取りを見てみよう。

二〇〇一年の『アドウィーク』誌の受賞広告キャンペーンについての記事で、マローレ・ディルが書いているように、この大手テレビ局のマーケティング担当バイスプレジデントは、開幕間近のNBA（全米プロバスケットボール）のテレビ中継をプロモーションする新しいキャンペーンのアイデアを探しており、この広告代理店もプレゼンテーションに呼ばれた。

このバイスプレジデントはプレゼンテーションに先立って広告代理店に、キャンペーンは熱烈なファンに受け入れられると同時に、全米の隅々までアピールするものでなければならない点を強調した。

広告代理店のクリエイティブディレクターとアートディレクターは、試合の映像に、一〇代の普通の少年二人をデジタル処理で挿入するというアイデアを提案した。このバイスプレジデントはそのアイデアが気に入らず、こう言った。「そんなアプローチは視聴者に、傲慢でお高くとまった感じを与えるのではないかね」

すると二人はすかさず、シャキール・オニール(注5)がオールスターの試合でゴールを決めた時のせりふを、少年の声音でラップを歌い始めた。「俺はピカンテ(注6)の缶詰めのように新鮮で、地獄の輪のダンテよりも深いんだぜ」

それを聞いたバイスプレジデントはあっけに取られていたが、たちまち笑い出した。即興のラップセッションに誘われて、彼もつられてアドリブの歌詞を挟み始めた。

ひとしきり楽しんだ後、二人のピッチャーは当初のアイデアを多少変えて再度売り込んだ。最終的には、各州に向けて、地元チームが登場するゲーム映像に少年を挿入するというアイデアが採用され、広告代理店は何十万ドルにも上る契約を獲得した。

真の興行主タイプは少ない。私が観察したピッチャーのうち、売り込みに成功した人の二〇%がこのタイプだった。だからこそ、真の興行主タイプの需要は高い。才能と専門知識を適切に組み合わせて披瀝できるピッチャーには、これは朗報である。

アーティストタイプ：思考実験で想像の世界に誘う

アーティストタイプも、自分のアイデアについて揺るぎない情熱と意気込みを見せるが、興行主タイプほど服装や物腰は洗練されておらず、また世慣れてもいない。また、人見知りだったり、人付き合いが苦手だったりする傾向もある。ハリウッドの某プロデューサーは次のように述べる。「シナリオライターが人見知りであればあるほど、我々は腕のいいライターだと考えるものです。シナリオライターは内面世界の住人であると、誰もが信じているからです」

興行主タイプとは異なり、アーティストタイプはアイデアを実現させる具体的な方法についてほとんど知らず、そんなことにはまったく興味がないようにさえ見える。

その一方、彼ら彼女らはキャッチャーの想像力を完全に掌握することによって、力関係を逆転させる。キャッチャーをデュエットに誘う代わりに、話の虜にさせるのだ。とりわけアーティストタイプは、物理学者が言うところの「思考実験」に優れており、キャッチャーを想像の世界に誘うのが上手である。

私が観察した若いシナリオライターは、まさしくこのような人物だった。破れたTシャツに黒の革ズボンという姿で、たくさんのイヤリングをつけ、ほっそりした腕にはタトゥーが彫られている。クシャクシャの髪、むっつりとした表情。画家のビンセント・ヴァン・ゴッホと俳優のティム・バートンの顔を合成したらこんな顔になるのではないかといった感じだった。

彼は、自分が考え出した暗く暴力的なアニメシリーズの具体的な制作方法についてはほとんど関心がなく、ストーリーの展開だけに心を奪われていた。彼はこんな調子でプレゼンテーションを始めた。「弾丸が人間の脳の中で破裂するところを思い浮かべてください。そしてそのシーンをスローモーションで想像してください。強烈な衝撃波。赤い津波。鼻をつく火薬の臭い。これが、このSFアニメ映画のオープニングです」。そして彼は、ストーリーテリングの達人のように、刺激的な物語の詳細について語り始めた。その話が終わると、映画会社の幹部は微笑みを浮かべ、椅子にゆっくりと座り直して「あなたのアイデアを採用したい」と告げた。

一般のビジネスの世界でも、アーティストタイプに属する人は、往々にして世間の規範から外れているものだ。大手食品メーカーの商品企画担当者、アランの例を見てみよう。

アランは初対面の事業開発担当役員とのミーティングに出席した。私はこの様子を観察した。アランは「子どもは食べ物で遊ぶのが好きだ」という前提に立ったアイデアを売り込もうとしていた。子どもたちは「レゴ」のように組み合わせて、いろいろなものをつくる――。そんなシリアルを提案したのである。ポケットがたくさんついた白衣を着、角縁メガネをかけたアランは、まさに「象牙の塔」の大学教授という感じだった。

スーツにネクタイ姿の役員たちが集まる会議室に入ったアランは、無言のまま「パワーポイント」のスライドにも、事業開発担当者のマーケティング予測や収益予想にも関心がないようだった。しかし、彼の風采と寡黙さはその人柄を雄弁に語っていた。彼の人格モデルは間違えようがなかった。

自分の番が来ると、アランはあっけに取られている役員の前で、四種類の試作品シリアルの箱をマホガニー製の会議テーブルの上に置き、ふたを開けて中身を取り出した。

彼はプレゼンテーションの段取りなど気にもかけず、複雑な要塞を組み立て始めた。同時に、このように構造物をつくることができるシリアルの穀粉の特性について、猛烈な勢いでしゃべり続けた。

やがて彼は「誰が一番高い塔をつくれるか、競争しましょう」と役員たちに呼びかけた。このデモンストレーションを十分楽しんだ役員は、アランのプロジェクトを承認した。

アーティストタイプは、私が観察したピッチャーのうち、プレゼンテーションに成功した人のおよそ四〇%を占めていた。アーティストタイプは興行主タイプほど洗練されていないものの、三つのタイプのうちで最も独創性が高い。

興行主タイプや初心者タイプと違って、アーティストタイプはたいてい見ればわかる。その半面、アーティストタイプを装うことは他のタイプの場合よりも難しい。言い換えれば、彼らは型に合わせて振る舞わないのだ。自分自身が型だからである。実際、アーティストタイプでない人がそのように振る舞うのはかなり難しい。正真正銘そうであることがアーティストタイプの証拠にほかならない。

初心者タイプ：熱心な学習者の態度で指導を仰ぐ

初心者タイプは興行主タイプの正反対である。専門知識を誇示する代わりに、無知であることを前面に訴える。初心者タイプはあえて不可能なことに挑戦することで点数を稼ぐ。キャッチャーはそれを新鮮に感じるからだ。

初心者タイプは慣習や過去の成功とは無縁な学習者、そして熱心な学習者として登場する。ただし、必死になってというのではなく、むしろ師事する指導者の賢明な助言を求める、先生のお気に入りの優等生のような自信を持って、直接堂々と支援を求める。ピッチャーとキャッチャーの力の差を、意識的に利用するのだ。

私が観察したある初心者タイプの例を見てみよう。

彼は初めての日本旅行から帰ってきたばかりの、元気一杯の若手シナリオライターだった。太鼓を習うために日本に留学した米国人の少年――この少年は彼とそっくりのキャラクターだった――についての番組をつくりたがっていた彼は、自分の太鼓とバチを持ってプレゼンテーションにやってきた。まるで、『天才少年ドギー・ハウザー』のセットから抜け出してきたかのようだった。

さわやかな笑顔の彼は、キャッチャーに「私はありきたりの番組を売り込もうとしているのではありません」と打ち明けた。「そのような番組のシナリオを書いたことがないというのが主な理由です。でも、経験がないということが、かえってよかったのではないかとも思います」

彼は太鼓のバチさばきを実演した後で、キャッチャーの一人にこのように頼んだ。「太鼓の内部から外を撮るのがいいのか、それとも太鼓を上から撮影したほうがいいのか、カメラアングルについて一緒に考えていただけませんか。それから、そうしたショットは、スクリーンの上ではどんな具合に見えるんでしょうか」

プロデューサーが床にひざまずいて、かっこよく見えるアングルについて教えた時から、プレゼンテーションは授業時間に変わった。その雰囲気は極めて協力的なものだった。このプロデューサーは昼食の約束を無視し、三〇分にわたって、若い太鼓打ちのストーリーをさまざまな太鼓演奏に織り込み、巧みなカメラアングル、工夫に富んだ照明とサウンドで、主人公の感情を映し出す方法について助言した。

起業家の多くは、生まれながらの初心者タイプである。オーストラリア出身のルーとソフィのマクダーモット姉妹は、一九九〇年代末にスポーツウェアの「サベージ・シスターズ」を立ち上げた。小柄で才気煥発な元体操選手の姉妹は、アパレルビジネスに側転しながら飛び込んでいった。

二人はファッションや財務を正式に学んだことはなかったが、熱意と楽天主義、そして小売業の仕組みへの好奇心を武器に、競争の激しいティーンエージャー向けファッション業界に足がかりを築いた。

短編ドキュメンタリー映画『カッティング・ゼア・オウン・クロス』によると、マクダーモット姉妹は地元の小売店に買い物に出かけるたびに、マーチャンダイジングや陳列について研究し、店主に商売を始めた経緯を聞いたりした。

姉妹は、自分たちの経験の乏しさを巧みに利用して、学べることのすべてを学習した。二人は各店主に店内を案内してくれるよう頼み、山のような質問を浴びせた。「なぜこのラインは仕入れて、あのラインは仕入れないのですか。なぜあそこではなく、ここにこのドレスを陳列しているのですか。お客さんはどんな人たちで、一番人気の商品は何ですか」

迷惑がられるどころか、マクダーモット姉妹はチャーミングで人なつこく、陽気だった。おだてられた店主たちは、知識を分けてほしいと頼まれるのをむしろ楽しんだ。仲よくなった店主には、自分たちの商品サンプルを店で試してもらいたいと申し入れた。

こうして学んだことをすべて活かして、マクダーモット姉妹は、自分たちの商売を始めるのに十分な知識を蓄えていった。店主を先生にすることで、初心者タイプである姉妹の成功を願ってくれる専門家のメンターたちとのネットワークを築くことに成功したのである。

このように、アイデアの売り込みに成功する人のおよそ四〇%を占める初心者タイプは、もっぱら個性の力で目的を達成する。

これら三つのタイプのうち、最も成功する可能性の高いのはどのタイプだろうか。アーティストタイプも初心者タイプも、魔力と魅力で成功できるかもしれないが、圧倒的多数のキャッチャーは興行主タイプを求める。しかし、キャッチャーの観点から言うと、興行主タイプは最も危険なタイプでもある。派手なパフォーマンスで相手の目を曇らせる可能性が最も高いからだ。

キャッチャーは人格モデルに頼るなかれ

私に、ハリウッドの独創性について意見を求める経営陣が、まず投げかけてくる質問に次のようなものがある。「どうして、こんなにも出来の悪いテレビ番組がたくさんあるのですか」。彼らは本稿で紹介した話を聞いて、その理由を納得する。

ハリウッドの業界幹部はしばしば、アイデアそのものの質ではなく、プレゼンテーション上手な人格モデル、特に興行主タイプに目を奪われてしまうのだ。

実際、真の独創性など持ち合わせていないにもかかわらず、そのような印象を与えるのが巧みな人が、社会的な影響力と印象を操作するスキルのおかげで、まんまと組織に入り込み、組織内で名声を博することもある。これはキャッチャーのためにならない。

真の独創性は、そう簡単に見分けられるものではない。スタンバーグやルバートといった研究者は、創造的な人の特性に関する暗黙の理論は概して的外れであることを明らかにしている。

さらに、各種の研究から、創造性に長けているのみならず、実践的な行動を志向する特性についても確認されている。たとえば、認識が柔軟である、多様性を受け入れる、すすんで問題を解決するといった特性は独創性を示すサインである。創造的な人材は実務の役に立たないという見方は大間違いである。

したがって、キャッチャーは自分の人格モデルに頼りすぎてしまうと、期待通りの結果をもたらすはずの創造的な人材を見逃してしまう危険がある。このことを肝に銘じられたい。映画会社の幹部やエージェントとのインタビューで、売り込み上手という定評があるとはいえ、実際に使えるシナリオを書けないライターの話を数え切れないほど聞いた。

同じことが、普通のビジネスの現場でも見られる。特に有名なのは、一九八五年にコカ・コーラが発表したコークのレシピを変更したケースだ。より甘みの強いペプシ風の「ニュー・コーク」を多くのフォーカスグループで試した市場調査担当者の提案を受けて、経営陣はこの新しいレシピで「ペプシ」に勝てると判断した。言うまでもなく、このアイデアは大失敗に終わった。大きな反発を招き、同社は旧コークの復活を余儀なくされた。

当時CEOだったロベルト・ゴイズエタはこの一件に関連して、プレゼンテーションに長け、業界にも精通した意思決定者に頼ることの重要性に関するディスカッションの場で、ビジネススクールの学生たちに向かって、こんな警告を発している。「売り込みがうまいだけで、本当の才能がない人ほど危険な存在はありません」

このように積極的な人格モデルに感化されていると感じたキャッチャーは、とにかくピッチャーをテストすることが大切である。幸いなことに、先の三つのタイプの評価は難しくない。

たとえば、興行主タイプとのミーティングでは、求職者の面接に熟練した人と同じように、その人の専門知識やそれまでの経験をテストし、「アイデアにいろいろ変更が必要な場合、どのように対処するのか」について聞いてみる。

アーティストタイプと初心者タイプの場合、その人の能力を判断するには、完成品を提出するよう求めるのが最適だろう。ハリウッドの賢いキャッチャーは、アーティストタイプと初心者タイプを雇う前に、完成したシナリオを求める。これらのタイプに属する人は、コストやアイデアの具体化についての細かい計画を提出することはできないかもしれないが、試作品から質を判断することは十分可能で、その後の議論における具体的な叩き台にもなる。

最後に、ピッチャーを評価するに当たっては、他の人の助けを借りることも大切である。一人、二人の意見を聞くだけでも、アイデアとピッチャーのよい点と悪い点がわかり、性急な判断を避けられる。

北カリフォルニアのあるデザイン会社のCEOは、新しいデザイナーを採用する際、すぐにそれとわかる特性以外の面についても考慮している。成功したプロジェクトだけでなく、失敗したプロジェクトについて尋ね、そのデザイナーが失敗から何を学んだのかを聞き出すのだ。これによって、採用候補者の教訓から学習する能力、何が起こるのか予測できない環境に対応する柔軟性を確認することができる。

このCEOはさらに、何に動機付けられるのか、何を収集しているのか、何を読んでいるのかについても質問するという。その答えから、応募者の創造性の傾向や思考様式を知ることができる。最初の面接試験に合格した候補者は次に、同社のスタッフといっしょに模擬デザインプロジェクトに取り組むように指示される。

このようにさまざまな面接を実施することで、創造性と組織スキルの両方を発揮できる人材なのかどうかが判断できるばかりか、グループへの適応力についても把握できる。

プレゼンテーションは一部にすぎない

「これら三つのタイプの、いずれにも当てはまらないピッチャーは、どうすればキャッチャーに好印象を与えられるのだろうか」といった疑問を抱く人もいるだろう。

すでに、有用な独創的アイデアを提案することで一定の評価を得ているならば、いまさら興行主タイプやアーティストタイプ、初心者タイプを装う必要はあるまい。成功の数ほど、あなたを強力にアピールするものはないのだから。

しかし、頼みの綱となるような実績がない場合には、少なくとも自分に一番向いていそうなタイプに合わせるように努めるべきである。プレゼンテーションを成功させるチャンスをつかむには不可欠なことである。

また、「企画の段階でキャッチャーの意見を取り入れたくない場合、どうすればよいのか」という疑問を抱く向きもいるだろう。しかし、プレゼンテーションの成功のために重要なことなので、やはり優先事項と考えるべきである。提案の中で妥協してもよい部分を見つけ、相手の意見を求めるのだ。

実際、私の観察したところでは、企画の早い時点でキャッチャーの協力を求めるのが賢明である。キャッチャーに「自分は想像的な協力者である」と感じてもらえれば、アイデアが拒絶される可能性はかなり低くなる。

結局のところ、プレゼンテーションは独創的なアイデアを売り込むための手段として完全無欠のものとはいえない。ただし、人格モデルのプロセスとコラボレーションの価値を頭に入れておくことで、ピッチャーとキャッチャーの双方が、売り込みとヒット作の違いを理解できるだろう。

プレゼンテーションに失敗するタイプ

プレゼンテーションをする相手が、あなたを特定のタイプに分類してしまう前に、絶対に当てはめられないようにすべきタイプが四つある。

以下のようなあまり好ましくない人格モデルに分類されてしまうと、プレゼンテーションが台無しになることは間違いない。悪印象は好印象よりもインパクトが強いため、くれぐれも要注意である。

❶弱気タイプ

自分のアイデアを擁護することなく、諦めてしまうタイプ。たとえば、「このどれかを赤でやれます。それがお気に召さないのでしたら、青でもできます」といった具合だ。

あるベンチャーキャピタリストから、コンピュータネットワーキングの会社を興すために投資家を探していた起業家の話を聞いたことがある。

ある投資家が機器の一部について懸念を口にしたところ、この起業家は「すぐにそれを設計から取り除きます」と答えた。それを聞いて、居並ぶ投資家たちは「彼は自分のアイデアにあまり執着がないのではないか」と怪しんだそうだ。

❷ロボットタイプ

まるでハウツーものの実用書に書いてあることを丸暗記したかのように、型にはまったプレゼンテーションをするタイプ。デューディリジェンスやその他の事業の詳細に関する投資家の質問に、「パワーポイント」のスライドに書いてあることを、そっくりそのまま繰り返すだけの起業家が典型例だろう。

❸中古自動車セールスマンタイプ

コンサルティング会社や営業部門に数多く見受けられる、議論好きで感じの悪い人たちだ。あるマーケティング担当バイスプレジデントは、彼女の組織に関する提案を売り込んできた横柄なコンサルタントの話を聞かせてくれた。

そのコンサルタントの提案はちょっと興味深いものだったので、提案の内容を多少変えるように頼んだ。しかしそのコンサルタントは、彼女と一緒に提案内容を練り直そうとはせずに議論を始めた。実際、彼は何度もそのパッケージの売り込みを試み、そのたびに同社史上最高の驚くべき業績を達成できる理由を主張した。

しつこい売り込みと、フィードバックを真摯に聞こうとしない傲慢さにうんざりし、ついに彼女は「あなたの提案は今後いっさい聞きたくありません」と言い渡した。

❹救済を求めるタイプ

困っている人である。このタイプの人がほしいのは、単に仕事だけである。あるフリーのコンサルタントが、フリーのシナリオライターと仕事をする方法を教える業界幹部向けコースを企画したが、その彼のことが頭に浮かんでくる。

彼は制作会社に頻繁に出没しては、開いているドアをノックし、毎度同じ売り込みを繰り返していた。断られそうな気配を感じたとたん、ワークショップを続けるために何としても参加者を集めなければならないと、相手に嘆願し始めたものだ。

【注】

(1) エール大学心理学部IBM寄付講座教授。近年は、創造性の開発・投資についてパリ大学のトッド・I・ルバートと共同研究中。彼との共著に*Defying the Crowd*, Free Press, 1986.がある。また*Successful Intelligence*, Plume,1997.は『知脳革命』(潮出版社、一九九八年)として邦訳されている。

（2）「組分け帽子」（sorting hat）は、魔法学校の新入生が入る寮を決める時に使われる。新入生は性格を読み取る帽子をかぶって椅子に座り、帽子の判定に従って入寮する。

（3）『プラトーン』『JFK』『ウォール街』などで知られるハリウッドきっての社会派監督。

（4）米国人のジャーナリスト。著書に『ティッピング・ポイント』『なぜあの商品は急に売れ出したのか』（ともに飛鳥新社）がある。

（5）NBAのロサンゼルス・レイカーズに所属。ポジションはセンター。身長二メートル一三センチ、体重一四三キログラムの体から繰り出される強烈なダンクシュートは「シャック・アタック」と呼ばれ、ゴール近くにいるプレーヤーを吹き飛ばしてしまうほどといわれる。

（6）辛くて薬味の効いたスペイン・中南米料理。

第**8**章

明確なメッセージが人と組織を動かす

VSPキャピタル ゼネラルパートナー
ジョン・ハム

"The Five Messages Leaders Must Manage"
Harvard Business Review, May 2006.
邦訳「明確なメッセージが人と組織を動かす」
『DIAMONDハーバード・ビジネス・レビュー』2006年9月号

ジョン・ハム
(John Hamm)
サンフランシスコにあるVSPキャピタルのゼネラルパートナー。HBR誌への寄稿に "Why Entrepreneurs Don't Scale," HBR, December 2002.（未訳）がある。サンフランシスコのベイエリア地域で、新任CEO向けの「ブートキャンプ」（新兵訓練）を主宰している。

リーダーの曖昧な発言が混乱を招く

なぜ多くの企業が、混沌としているのだろうか。その理由を知りたければ、そのような企業の経営者の発言に注目してみるとよい。

いかなる職位であろうと、リーダーという仕事はけっして気楽なものではない。加えて、その発言が曖昧模糊としており、しかもネコの目のように変わることから、その職務をことさら難しくしている人たちがいる。彼らは、概して「今四半期は最優先課題に集中しよう」「お客様第一」「今月は技術力で全面攻勢に打って出る必要がある」といった決まり文句を掲げてしまう。

このように、会社の針路について、たしかに立派で包括的だが、曖昧な表現で何度も何度も繰り返す。具体的には、解釈の広い用語、たとえばビジョン、ロイヤルティ、責任、顧客リレーションシップ、チームワーク、重点課題、優先順位、文化、節約、意思決定、業績など、社員全員が自分と同じように定義していると思い込んでいるリーダーがまことに多い。

CEOがこのような仰々しい表現を口にすれば、経営幹部ですら、うやうやしく頷いてしまう。とはいえ実のところは、どこか戸惑いを覚え、自分の理解が正しいのかどうか、確信できずにいるのかもしれない。

しかし、あえて具体的な説明を求めて無知に見られるのを嫌って、そのまま漠然とした出動命令を部下たちに伝えてしまう。すると、部下全員が上司の意図を勝手に解釈することになる。

上司が考えている本当のところを知りたいと切望しても、それに応える具体的なコミュニケーションが欠けているため、部下たちは真意を推し量ろうと、さまざまに想像をめぐらせる。それが、いい加減で、ばらばらな行動を招いてしまうことが少なくなく、これが原因で大きなダメージに発展することすらある。つまり、貴重な時間が浪費され、噂が飛び交い、有能な人材が目標を見失い、重要プロジェクトが失敗してしまうのだ。

これとは対照的に、病院のER（緊急治療）スタッフやSWATチームなど、高い信頼性を要求されるチームの仕事ぶりを見てみるとよい。これらのチームのメンバーたちは、全員が物事の意味を正しく理解している。外科医と看護師は同じ医学用語で会話する。また、SWATチームは使用すべき武器について、これを使用するタイミング、方法、条件についても正確に合意している。

これらの仕事では、おざなりなコミュニケーションはいっさい許されない。チームメンバー同士の会話が曖昧だと、誰かの命が危険にさらされるかもしれないからだ。さすがに企業組織においてこのような事態はなかろうが、リーダーが具体的な定義と指示を怠れば、部下たちの仕事の実効性が薄れ、どこかに矛盾が生じるようになる。

過去五年間、私はエグゼクティブコーチとして、取締役として、またベンチャー投資家や戦略コンサルタントとして、何百人ものCEOと接してきた。また、かつては私自身もホイッスル・コミュニケーションズという会社の社長兼CEOを務めていたことがある。なお同社は、一九九九年にIBMに買収された。

私が接してきたのは、主に従業員数一〇〇人前後から数千人規模の技術系企業のCEOである。これらのCEOを観察する中で、リーダーの真の仕事は、よりよい未来を創造する責任を果たすべく、組織全体を駆り立てることであるという結論に至った。

これをまっとうするには、コミュニケーションこそ何より重要である。リーダーの意図するところがいくら力強くとも漠然としていれば、社員たちの想像によってかき消されてしまい、結局は届かない。

しかし、ビジョン、意図、方向性を慎重に定義し、言葉によって、あるいはみずからの行動によって、時間を惜しむことなく、これらが意味するところを具体的に伝えるのである。こうすることで、十分な影響力をもって伝えることができる。意味不明の用語は具体化し、社内用語を体系的に管理することで、社員の貴重なエネルギーと意欲を効果的に活用できる。

この問題について調べるうち、解釈が広い言葉や決まり文句を使う際、あえて具体的な意味を定義するリーダーは稀であることに気がついた。なぜなら、言わずもがなの細部や背景について説明するのは、まるで部下たちを見下しているようであり、ためらわれるからだ。

しかし、自分の発言が意味するところは一目瞭然であるというのは思い込みにすぎない。意外に思われるかもしれないが、上司から発せられるメッセージはえてして判然としないことが多いため、部下たちもその意図をいちいち忖度せずに済むよう、きっちり定義してほしいと強く望んでいる。

では、リーダーの仕事において、企業の未来を創造するために社員一人ひとりの責任を結集し、これを鼓舞・支援することが中核的であるならば、これを効果的に実践するカギとは何だろうか。言い換えれば、このミッションを果たすために、どのような手法を利用すべきだろうか。また、リーダーに求められるメンタルモデルはいかなるものだろうか。

私に言わせれば、優れたリーダーはベテラン運転士のようなものだ。彼らはスイッチとレバーを組み合わせて、列車を運転する。あるレバーを引くと列車が前進し、別のレバーを引けば、列車は停止する。組織に統制が利いている時、マネジメントレバーはもれなく簡単かつ手際よく操作できる。そしてレバーが滑らかに動けば、運転士と乗客と列車は一体となって軽やかに前進する。

私の経験から申し上げれば、列車を制御するためのレバーは五つある。つまり、「組織の体制と階層」「財務業績」「リーダーの仕事観」「時間管理」「企業文化」の五つである。これらに関するメッセージが社内に及ぼす影響力は群を抜いている。

これら五つの領域について、全員が自分と同じ前提に立っている、あるいは自分のメンタルモデルを理解していると当然視していると、マネジメントレバーは制御不能になり、組織はたちまち暴走列車と化す。

しかし、これら五つの領域について、言葉の定義、コミュニケーション、コントロールを適切に実行すれば、リーダーは組織を統制し、各人の責任を強化し、業績を躍進させるチャンスを手にすることができるだろう。

各領域について子細に検討する前に、いくつか想定される疑問に正面から答えておきたい。まず、なぜこれら五つの領域がとりわけ重要なのかという点である。たとえば、企業文化を定義することが、なぜ顧客リレーションシップを定義するよりも優先順位が高いのかである。

たしかに他の課題を重視すべき企業もないわけではないが、経験上、まずこれら五つの領域が最適であろう。それは、部下とのコミュニケーションにおいて日常的に直面する各種問題はこれら五つに集約されるからだ。事実、曖昧なコミュニケーションがもたらす弊害は如実に表れる。しかし自在に操れれば、リーダーシップをいかんなく発揮するためのテコにもなる。

また、これら五つの領域を定義するにしても、いかにおのれのメッセージを翻訳するからといって、けっして王様を気取ったり、自慢たらしく振る舞ったりしてはならない。むしろ、自分の真意を定義することを心がけるべきだ。そのような定義に従って方向性を具体的に打ち出せば、人間関係も社員の反応も改善され、業務効率も戦略との整合性も高まる。そして、おのずと業績も向上していく。

[第一のメッセージ]「組織の体制と階層」について

組織図は、個人の権力や影響力を表しているともいえる。それだけに、組織が最も安定している時ですら、その見方は感情に左右されやすい。まして構造改革期にあっては、組織図がまさしく恐怖の種になりかねない。社内政治が物言う文化ゆえに、社員が自分の地位に不安を抱くような組織ではなおさらである。

人員削減、上司の交替、新しい業務プロセスなども含めて、経営陣が企業変革の解釈をうまくコントロールできないと、組織全体が活動停止に追い込まれかねない。ある有名な元CEOは「組織改革」という用語につきまとう固定観念を払拭できなかった。そのために招かれてしまった事態について見てみよう。

数年前、ヒューレット・パッカード（ＨＰ）のカーリー・フィオリーナは、全面的な組織再編がもはや不可欠であるという結論に達した。企業変革は細心の注意を払って進めなければならないと信じていた彼女は、まずシニアマネジャーたちに自分の構想を暗に示唆し、その反応をうかがうという慎重ぶりだった。

彼女が心配していたのは、この組織再編策によって「パンドラの箱」が開き、特にミドルマネジャーたちが社内政治に奔走し始めることだった。これと同じ理由で、誰もが企業変革は社内に恐れと不安をもたらすと信じていた。

フィオリーナがこれを正式発表するまでの二カ月間、何を期待し、何を恐れるべきかについて正確に知らされないまま、社員たちの関心は組織再編に向けられ、その結果、業務に支障を来すようになった。権力と役職をめぐってシニアマネジャーたちは政争に明け暮れ、社員の士気はいっきに失われていった。組織再編後、誰がどの部門を担当するのかは誰にもわからず、サプライヤーなどは担当者との接触を絶たれてしまった。

ようやく新体制が発表された後も、社員たちがこれに慣れるまでの間、生産性は落ち込んだままだった。結局、計一二週間、まるまる四半期分の時間が失われた。ＨＰはこの間、少なくとも、社員の給与に加え、必然的に発生した顧客サービスと製品開発の遅れという経済的ダメージを被った。

彼女は自分の不安ばかり伝えていたことに気づかなかった、また何カ月も前に組織再編について話した場合、事態はどう変わっていたのか、予想できなかったとフィオリーナを責めるのはお門違いかもしれない。すべてに完璧な経営者など、いるはずもないが、ビジョンとその根拠を伝える際、一定の基準に従うことは可能である。

仮にフィオリーナが、この組織再編の背景にある全体計画を具体的に説明し、意思決定を迅速化し、よりわかりやすいコミュニケーションに努めていれば、HP社員たちは改革の手順、改革が長期にわたる理由、将来における自分の社内ポジションについて、もっと深く理解できたことだろう。

企業変革において、CEOがコミュニケーションの主導権をいち早く掌握すれば、噂や憶測が引き起こしかねない恐れや不安を回避できる。また、組織体制をいつでも書き換えられる地図と見なし、行動責任ひいては結果責任を表現するものと考えるのが、何より生産的である。

つまり組織体制というものを、社員を脇に置いたり、社員の価値を下げたりすることなく、目標を定め、経営資源を最適化するための指針と考えるのだ。このような形で組織再編を提示すれば、組織再編イコール権力の移動と考えても――それが真実であれ幻想であれ――打ち消すことができる。

ここで、従業員数一五〇人のソフトウェア企業のCEOを例に、コミュニケーションを簡潔明瞭にすることで、どのように社内政治の弊害を払拭できるかについて説明したい。

このCEOは、組織図を不安の種と見なしたり、けっしてそのような態度を社内に示したりすることなく、経営資源を最適化するための単なる一時的な構造と考えることにした。また新しい戦略ないしは方向性が必要になると、変革のカンフル剤として社員たちの協力を仰ぎ、自分たちは変革の犠牲者になるのかなどと、思い悩まないように配慮した。

たとえば、ある時、勢力が拮抗する競合他社が優位に立とうと動き始めたため、彼は社内の経営資源を再編する必要があると判断した。そこで、月曜日の朝に全社会議を招集し、次のように告げた。

「皆さん、我々は市場シェアを賭けた戦いのただ中にいます。私はこの戦いに勝つために給料をもらっていますし、それは皆さんも同じです。ところが現在の組織体制を見ると、この戦闘に勝利できるような配置になっていません。そこで、より効果的に業務を遂行できるように、資源配分を変更したいと思います。皆さんのほとんどは、これまで通り、いまの仕事を続けてもらうことになりますが、上司が変わるかもしれません」

こう説明したうえで、全員に新しい組織図を見せ、時計に目をやると、こう続けた。「現在、一〇時四五分です。もし気に入らなければ、正午までは怒っていてもかまいません。正午になったら、ピザを配ります。そして午後一時からは、全員新しい配置で仕事を始めてもらいます」

このCEOは、後に自分の行動を振り返って、次のように語った。

「我々よりも優れた方法で、事業に成功しつつあるライバルがいました。相手も私も消防隊長のようなものでした。それぞれ七人の隊員がいて、バケツとホースも一式揃っていました。私の隊では五人がバケツを手にし、二人がホースを抱えていました。相手の隊はバケツが三人、ホースが四人でした。我々の体制では、彼らとの競争には勝てないというだけのことでした。私が試みたのは権力の移動ではなく、単なる経営資源の最適化です。私はこの組織再編を社内政治の産物と受け取られたくはありませんでした。競争力を維持するために必要な措置と理解してもらいたかったのです」

もちろん、一五〇人規模の会社の人事異動と、HPのような巨大企業の人事異動を同列に語ることはできない。しかし、私の考えでは、明確かつ率直、しかもわかりやすいコミュニケーションの重要性は、組織が大きくなればなるほど、幾何級数的に高まる。事実、社内政治の観測気球を膨らませないようにCEOが状況に臨み、社員たちの行動を自分と同様に律すれば、大企業でも組織再編を迅速に進めることが可能だ。

フィオリーナには、情報収集を終え、意思決定した後、組織再編を予告する義務はなかった。しかし、たとえば発表後の二日以内に、ウェブキャスト（インターネット放送）によって全社会議を開き、なぜいま改革が必要なのか、その理由を説明することもできたであろう。

また、勝者と敗者に関する憶測を社員から払拭するため、異動対象となった社員全員には、すぐさま今後六〇日以内に具体的な目標を設定させ、提出させてもよかったかもしれない。そうすれば、組織図と社内政治は無関係であり、すべては組織効率を高めるためであることを伝えられたであろう。

【第二のメッセージ】「財務業績」について

もう一つ、なおざりにしておくと、長期的な健全性を損なうおそれがあるのが「業績」である。CEOが、社員たちに向かって「約束した業績に集中して取り組む」必要があると語る時、シニアマネジャーたちは、それを「投資家の期待に応えるためならば、どんな手でも使え」という意味に解釈することが多い。また、社員の行動と業績の関連性を見失い、たとえ学習機会があっても、それを活かせない経営者は、長期的な企業価値を生み出すチャンスを逸してしまう。

私の知る某ＣＥＯは、自分の仕事における唯一の目標は、四半期ごとの業績について積極的な見通しを立て、その実行を約束し、いかなる手段に訴えようとも、その数字を実現することであると心底から信じ切っていた。二カ月が過ぎて、目標を下回りそうだとわかると、営業担当者と財務担当者にプレッシャーをかける。彼は四半期のたびに、これを繰り返した。

彼は暗黙のうちに、次のようなメッセージを発していたのである。「私はこの業績を必ず達成しなければならない。そのためならば、どんな手を使おうとかまわない」。したがって、会社は必ず繁栄すると信じて疑わなかった。しかし、結果はまったく正反対だった。このＣＥＯは業績というものを極めて狭く定義していたのだ。

しかも、営業スタッフにしかるべきインセンティブと報酬を与えることを怠った。そのため、彼らは何のためらいもなく、押し込み営業に行った。何か罰則を受けることはなかったが、この悪弊のせいで業績の見直しを余儀なくされ、莫大な在庫評価損を抱え込んだ。四半期売上高は一〇〇〇万ドルと伸び悩み、最終的には年間売上高以下という低い評価額で買収されてしまったのである。

優れた戦略を立案し、これを高次元にたゆまず実践することが、長期にわたって好業績をもたらす。タイガー・ウッズのようなプロゴルファーの場合、メジャー大会に優勝するには、狙い、スタンス、スイングに熟達することこそ最も賢明である。ひとたびボールを打ってしまえば、後はどうすることもできず、ボールは落ちるべきところに落ちる。

同じく有能なリーダーは、短期的な勝利ばかりを気にせず、むしろ長期的に改善を進めるうえでの一指標として四半期業績を利用したほうが、得られる成果は大きいことを承知している。

また財務業績を、マネジメントを改善する診断ツールとして利用し、その分析に社員たちを参加させる。その際、率直な言動を奨励することで、オープンな議論を促す。こうすることで、妙案が生まれてくる可能性が高まるばかりか、四半期ごとの財務業績が毎回見通しを上回る可能性も高くなる。

私はアダプテックの元CEO、ジョン・アドラーの下で六年間働くという光栄にあずかったことがある。彼は、企業目標と財務業績に極めて健全な姿勢で臨んだことが奏功して、アドラーが指揮していた一二年間、同社の企業価値は当初の一億ドルから五〇億ドルを上回るまでに成長した。

彼にとって、業績は賞罰のための材料ではなく、診断と学習のツールだった。ある時、業績が四半期目標に届かないことがあり、彼を含む経営陣が、未達成の原因となった要因をすべて分析した。その結果、品質管理上の異常のせいで、四半期末の出荷が一部実施できなかったことが判明した。

アドラーは、感情に訴えて責任を問うことはせず、その代わりシニアマネジャーたちを質問攻めにして、問題の根本的な原因を解明した。また組織学習が確実に進むように、この情報を多くの社員たちに伝えた。

このように、真実だけにこだわり、その解明に努めたことで、社員たちは感情に任せて恣意的に処罰しかねないという心配から解放され、安心して問題を話し合えることを実感した。アドラーは自分の行動を通じて、過去は過去、明日は明日という暗黙のメッセージを送ったのである。

ソフトウェア技術者や品質管理者たちは、泥縄の品質管理や製造上の不手際で売上予測を達成できなくなる可能性を最小化するため、不安で萎縮したり、非難の矛先が誰に向かうのかと疑心暗鬼に駆られたりすることなく、協力して業務プロセスの改善を進めた。以後、品質面でのパフォーマンスは業界内で羨望の的となった。

こうしてアドラーは在任期間中、自分のスイングを調節しながら、狙いを外すことなく安定した好業績を達成できたのである。

【第三のメッセージ】「リーダーの仕事観」について

CEOは経営者としての職責を果たすうえで、さまざまな肩書きを持ち、さまざまな役を演じている。しかし、意見と承認を求める部下たちに囲まれているうち、何にでも答えられることが自分の責務であると誤解してしまうCEOもいる。創業者CEOは起業家でもあり、彼ないしは彼女のアイデンティティは会社と表裏一体にあるため、特にこのような状況に陥りやすい。

この「よろず相談所」のようなリーダーは、自分が紛争、意思決定、二者択一の最終調停者であると誤解してしまう。こうなると、周囲から隔絶された孤独な立場、また情報が信用できなくなり、有意義な意見が届かない立場に置かれてしまう。ここで、一時は飛ぶ鳥を落とす勢いだったが、消滅してしまったデスクトップ・パブリッシング（DTP）用ソフトウェア企業の元CEOについて紹介しよう。

ここでは、仮にジムと呼ぶことにしよう。彼は生まれてこのかた優秀と言われ続け、実際に優秀だった。スタンフォード大学でMBAを、マサチューセッツ工科大学（MIT）で博士号を取得したジムは、ソフトウェア関連の特許を一〇件も保有していた。

しかも、触れるものすべてを黄金に変えるギリシャ神話のミダス王のごとく、何をやっても大儲けできた。自分はこれほど優秀なのだから、当然、会社にとって最善の道を知っているのも自分であると思い込んだのも無理からぬことだった。

こう信じることで、ジムの心は大いに安らいだ。それゆえ、これが彼の拠りどころでもあった。しかしこれ以外の部分では、自分のリーダーシップに大きな不安を感じていた。ジムが採用するのは、きまって一流工科大学や一流ビジネススクール出身の選りすぐりの秀才だったが、これら新たに加わった同僚たちの意見に耳を貸すことはなかった。たとえば、彼は戦略が苦手だったが、競合の脅威に立ち向かううえで自分にかなう者はいないと信じていたのである。

競合他社への対抗策を経営幹部たちが提案した時も、ジムはCEOの権力を使って議論を潰し、その提案を無視した。競合他社の一つについて、彼は次のように繰り返していた。「向こうの技術は、どう転んでも当社の足下にも及ばない。CEOにも会ってみたが、我々の勝利は目に見えている。何をすべきかは僕に聞いてくれ」

その言葉は力強く、それなりの説得力もあったが、市場の現実をわかっていないことを部下たちは見抜いていた。提案を退けられた経営幹部たちは、すぐに自分たちが無視され、尊重もされていないという暗黙のメッセージを読み取り、会社を去っていった。これに伴って知的資本も流出していった。

自己認識が甘いジムは、この大量離反に当惑し、彼らは「わかっていない」から辞めていったのだと、自分に言い聞かせた。

これと対照的に、有能なリーダーは、他の社員が持っている答えを引き出すことが自分の役割だとわきまえている。そのために、極めて明確かつ明示的に、部下たちからの提案や反対意見、あるいは協力を募る。権力も、支配するためではなく、こうした意思決定プロセスを前進させる目的で活用する。協力的で政治色の薄い意思決定プロセスであればあるほど、リーダーは孤立することがなくなり、事業戦略も現実に即したものになりやすい。

自分の役割について、ジムの認識とコミュニケーションを、ある技術調査会社のCEO——ここでは仮にクリスと呼ぼう——と対比してみよう。

クリスも優秀で自信家だった。ハーバード大学を首席で卒業し、軍人としても湾岸戦争の英雄だったが、彼は自分の知性をひけらかすことをせず、むしろ好奇心の塊のような人物だった。業務会議に参加した時などは、自分はCEOの権力を振り回すつもりはなく、単にアイデアを出す者が一人増えただけだと話した。全員の意見を聞くまでは自分の意見を明かさず、質問したり、議論を挑んだりした。

マーケティング部門との会議では、こんなこともあった。広報、マーケティング、宣伝の各責任者たちのプレゼンテーションを聞いた後、彼がようやく口を開いた。そして、主力製品の認知度を高めるために競合他社を上回る資金を投入してきたが、市場シェアを奪うに至っていないと指摘した。クリスは、一週間以内により少人数の会議を開き、原因を究明するように求めた。彼は「ボスの答え」がそのチームの創造性を抑え込み、結局は得るものより失うもののほうが大きくなってしまうことをわきまえていた。だからこそ、自説を披露する誘惑に耐えられたのである。

この問題の原因を究明する責任をそのチームに負わせるに当たって、クリスは誰も非難せず、誰の責任も問わなかった。そうすることで、彼はチームの情報分析を援助することが自分の役割だと伝えたのである。つまり、自分の仕事は答えを与えることではなく、最善策を見つけ出すのを助けることだと、部下たちに明確に示したのだった。

クリスはまったく協力的だった。それゆえ、有能な社員たちは自分たちの考えを述べるようになった。結局、このチームはよく考えられた無理のない仮説を六つと、包括的な解決策を数案考え出し、最も説得力のある案が採用された。その結果、待ち望んでいた通り、それから四半期を三回続けて市場シェアが上昇した。この過程で、効果的なマーケティングキャンペーンのアイデアもいくつか生まれた。同社が、強力な知的資本を有する技術系企業という地位を確立できたのは、クリスのリーダーシップの賜物である。いまや、ユニークな市場情報源として、同社が発表する調査結果は高値で販売されている。

ジェームズ・コリンズの論文「レベル5リーダーシップ」（書籍『リーダーシップの教科書』〈ダイヤモンド社、二〇一八年〉第6章を参照）が論じるように、クリスは自我を仕事と切り離してリーダーシップを発揮した。クリスのような経営者は、的を射た質問を投げかけるのが自分の役割であること、そして社員が何の心配もなく提案できる環境を用意すれば、必ず解答を見つけられることを理解している。その結果、一丸となって会社は前進していく。

「第四のメッセージ」「時間管理」について

どのリーダーも「時間が足りない」と感じている。スケジュール管理ソフトや、タイムマネジメント研修、秘書の存在が、時間は稀少な資源であることを思い出させてくれる。そして、頭の中は締め切りのことでいっぱいで、一日という限られた時間を凝縮したり、やりくりしたりして、何とか時間の制約を克服しようと奮闘する。

「時間が主人である」というメッセージが社員に発せられると、重要な目標よりも、まずＴｏ－Ｄｏリストが頭をもたげてしまう。ここで、やや極端だが、私が一緒に働いたことのあるＣＥＯ――アランと呼ぶことにしよう――の例を紹介させていただきたい。

アランは、シリコンバレーの技術系中堅企業の経営者で、日々多忙を極めていた。エンジニア出身の彼は、「デイタイマー」手帳とＴｏ－Ｄｏリストと「ブラックベリー」に支配され、ニューヨーク市場が寄り付く前から、「スケジュールが遅れている」と感じるような生活を送っていた。時間管理システムがバイブル、効率が信条、朝一番の仕事は優先順位付けだった。

アランは「時間は敵」という固定観念の持ち主だった。このメッセージを部下たちにも伝え、競合他社よりも時間を効率的に管理することが成功への道であると社員たちに語っていた。彼のこの強迫観念のせいで、この会社はピリピリした雰囲気で包まれていた。

シリコンバレーの景気が悪化し、アランは計画していた増員を一時的に諦めざるをえなかった。そのような折、ベルサウスから見積もりの依頼が舞い込んだ。アランはこの大量受注のチャンスに飛び付いた。さっそく重点プロジェクトに掲げ、働きすぎの社員たちの尻を叩いた。

すると、暗黙のうちに時間は通貨に変わった。アランは社員たちの時間の使い方にますます過敏になり、プロジェクトを個々の業務に分解し、見積もり書を作成するには、どのように時間配分すべきか、分刻みで考えるよう指示した。また人事考課面接では、真っ先に勤務時間をどのように使ったかを尋ねた。しかし、いかに全員が時間管理に努めても、それでも時間は足りなかった。

どうにか期限に遅れることなく、微に入り細をうがった詳細な見積もり書を提出し、固唾を飲んで結果を待った。ベルサウスから色よい返事があるものとアランは確信していた。ところが、同社よりも技術力が劣るライバルに負けてしまった。見積もり書に問題があったわけではなかった。提案の方法が問題だったのである。

アランたちは完璧な見積もり書を作成したが、ベルサウスと人間関係を築き上げる努力を怠った。対照的に、競争相手は密接な人間関係を構築していた。要するに、アランは期限に間に合わせることに没頭するあまり、プロジェクトの全体像、とりわけ顧客を見失っていたのである。

例えて言えば、アランのところの料理人は申し分のないフルコースディナーを用意したが、ワインとテーブルクロスと花を忘れたうえに、冷めた料理を出したようなものだ。社員たちは、アランが望んだものを提供しただけだった。

リーダーが組織の力をより引き出したいと思うならば、部下たちに向かって、時間という資源はギリギリ管理してはならず、むしろ戦略的に利用しなければならないと伝えればよい。

ここには微妙だが、決定的な違いがある。労働過重になろうと与えられた時間内に仕上げるために、時間の制約を口やかましく言い立て、部下の一挙手一投足を監視すると、かえって慌てさせ、結局は非効率となるのが関の山である。

時間が足りない時は仕事を減らしたうえで、代わりに素晴らしい仕事をするほうが得策であると語ったほうが、自信をもって、この貴重な資源を最大限に活用できる。つまり、時間的制約にめげることなく、全員が本当に必要な業務に取り組むようになるのだ。

テーラーメイド−アディダスゴルフのCEO、マーク・キングは、時間に関するコミュニケーションの重要性を理解するリーダーの一人である。

かつてキングは、二〇〇四年春の創業二五周年を記念して、業界をあっと驚かせるような新製品を発売したいと願っていた。ゴルフ用品業界は、音楽業界や自動車業界、あるいはファッション業界と同じく、流行に左右されやすい。彼は、業界の歴史の中でも指折りの好景気にあるいま、画期的な製品を開発できれば、業界一の性能を誇るブランドとして地歩を固められると確信していた。

キングは当初、重心の位置を調整できるクラブ一式を発売するという大胆な構想を描き、その開発に選り抜きの技術者たちを当たらせた。彼らは長い時間を費やしたが、キングは二五周年の記念日まで半年足らずという時点で、ここに間に合わせるのは難しいと悟った。

しかし、これ以上チームを働かせることも、期限を変更することも不可能だった。そこで、彼は目標を変更した。重心の位置を調整できるクラブを一本だけ開発し、二五周年記念式典の場で、その製品を何百人もの記者や業界の有力者に対して初公開することにしたのである。

締め切りと格闘する代わりに、キングは選択肢を変更したのだ。そして「どうすれば、チームが時間を最も有効活用できるのか」「望むことすべてをかなえようとして時間と戦うよりも、彼らのエネルギーをどこに集中させれば最も効果的か」「どうすれば時間を最も有効に使えるのか」と自問した。

彼は、限られた時間の使い方について、自分に決定権があることを理解したうえで、必要な技術資源とマーケティング資源を浮かせて、品質とブランディングに注力したのだった。

記念日当日に初公開された新モデル、テーラーメイド「r7クワッドドライバー」は、各方面から絶賛を集めた。PGAとヨーロッパツアーに属するプロ選手たちは先を競って、この製品を買い求めた。PGAツアーとヨーロッパツアーの二〇〇四年シーズンが終了する頃には、プロ選手の半数がこの新しいドライバーを持っており、一般のゴルフ愛好者の間で人気商品となることは確実だった。

その後、残り一二本のクラブも発売され、クラブ一式を揃えるという目標も達成された。全体の計画も、料理の仕方も、給仕の仕方も申し分ないディナーとなったのである。現在、テーラーメイドは世界で最も急成長を遂げているゴルフ用品企業であり、r7クワッドドライバーは、年間売上高数百万ドルを誇る製品ラインの主力製品となっている。

前述のアランは、時間は戦う相手だというメッセージを発し、重すぎる期待をかけた。一方、キングが送ったのは、時間は敵というよりも状況の一要因でしかなく、目の前の課題をやり遂げるには、もっとコントロールしやすい別のレバーを引けばよいというメッセージである。

アランは、時間を融通の利かない恐ろしい怪物と見なし、力ずくで押さえ付けるのが一番の策だと考えた。しかし、キングは時間を中立的な現象の一つととらえ、柔軟に対処するのが最善だと考えた。二人とも「成功するには、かくあるべし」という確固たるビジョンを持っていたが、キングは品質を守るためならばトレードオフもいとわなかったのである（**章末**「計画と優先順位を守らせるには」を参照）。

【第五のメッセージ】「企業文化」について

企業文化とは何か。また企業文化について、具体的かつ正しくコミュニケーションすることがなぜ重要なのだろうか。

宣言すれば、企業文化が浸透していくわけではなく、成功に向けて社員たちに期待する中身によって育まれていく。ふさわしい社員を雇い、会社の価値観にふさわしい行動を求め、勝利をもたらす業務プロセスを構築することで、高業績をもたらす企業文化を初めて手にすることができる。

成功を定義することも、成功の全体像を伝えることもできないCEO、そして自分が期待するところを社員たちに示せないCEOは、無味乾燥な企業文化を生み出してしまう。一九九〇年代末のITバブルがもたらした、ばかげた社内活動がその好例である。

私が覚えているところでは、シリコンバレーの某CEOはまるで「文化の戸棚」を開くかのように、金曜日のビアパーティやフーズボール（テーブルサッカー）など、あらゆる種類のレクリエーションを提供した。

挙げ句の果てには、CCO（最高文化責任者）なる担当役員まで任命し、大事な顧客を失った時であろうと、四半期の業績が悪い時であろうと、社員たちに束の間の幸福感を与えた。これは、社員が気分よく、十分な権限が与えられ、協力し合えば、黙っていても好業績がついてくるという発想に基づいたものである。重視されるのは、社員の士気と勤務姿勢、そしてチームワークだけだった。

しかし、経営陣は核となる業績評価指標を把握できなくなっていった。実のところ、社員たちも気持ちよく働けるところよりも、IPOに成功し、その分け前にあずかれるような会社で働きたがった。最終的にこの会社は、資産価値と同等の金額で買収されてしまったが、その原因は、勝つ戦略を構築する代わりに、甘い逃避にふけっていたCEOにある。

正しい目標に集中し、市場で勝利することが、健全な企業文化の創造と維持につながる。通話ソフト企業のCEOで、仮にジェフと呼ぶ人物は、自分の会社を強豪スポーツチームのように経営している。

会議室には、アメリカンフットボールよろしく大型スコアボードが置かれ、販売数量、コスト、売上げなどの経営指標が表示されていて、誰でも見ることができる。社員は分析能力とチームワークを基準に採用され、六人一チームで業務に当たる。米国海軍の特殊部隊によれば、どんなに難しいプロジェクトでも六人編成で遂行するのが理想的だという。

チームメンバー一人ひとりがチームの能力を超えた能力を発揮することはできない。だからこそ、全社員が価値観と行動規範を遵守している。何といっても全社員が勝利の味を、つまりPER（株価収益率）一五倍、市場シェア二〇%、対前年度で見た売上高成長率三〇%という数字がいかなるものかを理解している。仮に、第3四半期までに二〇〇〇万ドルの利益を上げることが目標ならば、その目標は細かく分解され、スコアボード上に表示される。

同社の場合、屋外イベントのような行事よりも、全社一丸となって成功を目指す意欲こそ、同社の企業文化に影響を及ぼす。成功する企業とは、甘やかされるために働くのではなく、成果を上げるために働く人たちを引き寄せる場なのだ。

健全な企業文化に裏付けられた企業では、社員たちが情報の蚊帳の外に置かれたりせず、自分たちもエキサイティングな未来の一部だという信念に支えられている。リーダーシップが明快であれば、全社員が事業慣行を具体的に理解できる。そして、みんな燃える情熱を心に抱いて出社する。そのような組織では、会社の将来にどのように貢献すべきか、社員一人ひとりがわかっている。

＊　＊　＊

具体的かつ直接的なコミュニケーションの影響力を認識し、部下たちからのフィードバックを重視するリーダーは、自分の権力を乱用するのではなく、てことして活用する。私が知る限り、最も有能なリーダーたち、すなわち誤ったコミュニケーションが極めて高いリスクをはらんでいることを承知しているCEOたちは、会社に向かう途中、次のように自問自答している。

つまり、「目標に向かって組織を動かすには、今日、何をすべきだろうか」「社内のどこに混乱があるか」「今日はどの信念や考え方について、その曖昧さを払拭できるだろうか」「コミュニケーションに欠けている点は何か」「社員の思い込みはどこに見られるか」などと問うているのだ（**図表8**「マインドセットの転換」を参照）。

つまるところ、明確なコミュニケーションを心がければ、まさに、てこの原理が働くがごとく影響力を発揮できるのである。

CEOが一〇人の直属の部下に正確にその意図を伝え、部下一人ひとりが同じ正確さで、四〇人の有能な社員にこれを伝えるとしよう。そのCEOは、社員たちが、自社の目標、優先順位、ビジネスチャ

図表**8** | **マインドセットの転換**

全員が経営課題を等しく理解していると思い込んでしまうと、リーダーシップを効果的に発揮できなくなる。自身の意図をはっきり伝えることで、リーダーは部下たちのエネルギーと意欲を引き出し、活用できる。

	従来のメンタルモデル	改善案
組織体制と階層	組織図に従って、政治的に行動する。	人的資源を最適化する。
財務業績	誤りを罰する。 責任の所在を問う。	あらゆる欠点の根本原因を突き止めるために、診断を実施する。
リーダーの仕事観	上司が答えを持っている。	全社員が答えを持っている。それゆえ、それを尋ねる。
時間管理	時間は稀少であり、制約を乗り越えるために急ぐ。	時間は固定的であり、制約の中で賢明な選択を下す。
企業文化	人事部任せにする。	全社員がチームの勝利に貢献できるような環境を整える。

ンスについて具体的に理解し共有できる明快なビジョンを打ち出すことで、社内の意欲とエネルギーをコントロールできる。

その結果、時間や資金、その他の経営資源を節約しつつ、素晴らしい業績が実現できるだろう。

計画と優先順位を守らせるには

時間的制約をやり繰りするうえで、自分の期待を適正水準に設定すると、どのような結果が招かれるかについて説明したい。

七人の部下を抱え、それぞれが四半期ごとに、極めて実現性の高い重要案件を三件遂行することを約束しているとしよう。これらの部下が率いる部門すべてがこれらの目標を達成すれば、年間八四件の重要案件が実現されることになる。もし、これと同じくらいのパフォーマンスを実現できれば、間違いなく目を見張るような業績が得られるだろう。これら八四件の実現を妨げるものは、優先順位が高い目標よりも先に、あるいはそのような目標を犠牲にしてでも、新たな八五番の目標に取り組みたいという誘惑である。

部下を計画通り行動させるには、リーダーは常にその目標を明確に伝えるとともに、何をおいても優先順位に従って行動するよう、部下たちに求めなければならない。

全員が経営課題を等しく理解していると思い込んでしまうと、リーダーシップを効果的に発揮できなくなる。自身の意図をはっきり伝えることで、リーダーは部下たちのエネルギーと意欲を引き出し、活用できる。

第9章

ストレス・コミュニケーションの対処法

ライティングワークス・アンド・スピーキングワークス 社長
ホリー・ウィークス

"Taking the Stress Out of the Stressful Conversation"
Harvard Business Review, July-August 2001.
邦訳「ストレス・コミュニケーションの対処法」
『DIAMONDハーバード・ビジネス・レビュー』2001年9月号

ホリー・ウィークス
(Holly Weeks)
ライティングワークス・アンド・スピーキングワークス社長。独立コンサルタントとして活躍する一方、ハーバード大学ラドクリフ・カレッジで教鞭を執る。

ストレス・コミュニケーションは日常茶飯事

我々の生活には対話が欠かせない。人間とはそのような動物である。無駄話や雑談に興じ、噂話や冗談を飛ばす。時には「ストレス・コミュニケーション」に陥ってしまうことがある。それも案外多い。人はちょっとした言葉のやり取りで、通常では考えられないほど傷ついたり、苦悩したりする。

ストレス・コミュニケーションは、避けて通ることのできない人生の課題なのである。

ビジネスの世界では、部下に解雇を宣告する場合から、不可解なことに称賛を受ける場合まで、ありとあらゆる場面で遭遇する。そして、常に「重たい気分にさせる」ことから、通常の会話とはその性質が異なる。

ストレス・コミュニケーションは、自分自身に、あるいは相手に、当惑、混乱、不安、怒り、心痛、恐怖といった感情を呼び起こす。これらを嫌って、「とにかく避けるに限る」と考える人も多い。

このような方針もあながち間違いとは言い切れない。たしかに、戦うべき時機の見極めは、事に処するうえでの鉄則の一つだ。

しかし、問題と対峙するのを避け、気難しい相手をなだめ、対立を和らげることに終始していては、後々禍根を残す場合もありうる。このような逃げの姿勢では、問題や関係をかえって悪化させてしまうことが多々ある。

ストレス・コミュニケーションは、かくも頻繁に起こり、苦痛を伴うというのに、なぜ改善の努力がなおざりにされているのか。

その理由は、当事者の感情が膠着状態に陥っているためである。その渦中にあっても混乱を来してさえいなければ、「軋轢はあって当たり前、解決の糸口はきっとある。少なくとも、何とか切り抜けられるはずだ」と冷静に受け止めることもできるだろう。しかし、感情が千々に乱れている場合では、ほとんどの人がバランスを失ってしまう。まるで、白熱した試合で完全に包囲されたクォーターバックのように、タッチダウンへの望みが断たれた状態である。

筆者は米国の先進企業や大学において、これまで二〇年間にわたって「ストレス・コミュニケーションにおけるコミュニケーションのあり方」について講義したり、ワークショップを主催したりしてきた。この間、教室を実験室に見立てて観察してきたが、感情にまつわる話題を理路整然と話せる人はほとんどいないことがわかった。まるで、話術すべてが窓から飛び去ってしまったかのようで、問題の真相もその解決策もまともに検討できないことが多い。

とはいえ、ストレス・コミュニケーションを改善する方法はある。

筆者の見解では、確たる自覚を持ち、事前に入念なリハーサルを積み、効果的な三つのコミュニケーション・テクニックを駆使すれば、その種の会話に対処できる。

ただし、誤解しないでいただきたい。けっして、標準的なアプローチがあるわけではない。あまりに多くの不確定要素が存在し、緊張も極限に高まっているため、難局に陥った者同士のやり取りは一様ではない。

しかし、ストレス・コミュニケーションのほとんどが個別の問題を抱えているにもかかわらず、どうやら基本会話の合成物——それは限られた数のようだ——に見える。本稿では、これらの問題をいかに予測し、対処すべきか、詳しく検討していきたい。ただしその前に、職場でよく見かけるストレス・コミュニケーションの典型例を三つ見てみることにしよう。

タイプ❶「君に悪い知らせがある」

一般的に不愉快なニュースは、伝えるほうも聞くほうも、あまり気の進むものではない。伝える側は緊張してしまうし、聞く側もいったいどのような話なのか、不安に陥ることがしばしばである。

ある非営利団体の理事を務めるデイビッドの例を見てみよう。彼は、野心家の研究者ジェレミーと話さなければならなかったが、気が気でなかった。なぜなら、ジェレミーは、自分の業績を周囲の目よりもずっと高く見積もるタイプの男だからだ。そのうえやっかいなことに、それまでジェレミーは不自然なくらい高い評価を得てきた。その理由はいくつもある。

一つには、このような団体ならではの特徴があった。非営利団体には競争がなく、馴れ合いになりがちな職場である。おまけにジェレミーは、自分の能力と学歴に強い自信を持っていた。そのうえ、ほんの些細な批判にもすぐ過剰反応を示す。

デイビッドも含め、誰もが「仕事上障害となっているジェレミーの欠点」——これさえなければ、有能な人材なのだが——について、はっきり指摘しようと思わなかった。

たとえば、ジェレミーのユーモアはしばしば人を傷つけた。所属部署の内外を問わず、人の感情を害した。しかし、ジェレミーに直接そのことを指摘する者は一人もいなかった。そして、次第に一緒に仕事をすることを嫌がる職員たちが増えていった。

こうして、長年にわたって批判されることもなく、ジェレミーの辛辣さはますます磨きがかかり、彼の部下ですら彼を避けるようになった。

この種の会話は最初が肝心である。やり方次第では、その後もスムーズに運ぶ可能性が高い。しかし、最初でつまずくと、その後の成り行きに心を痛めるはめになる。まずは柔らかくいこうと、ソフトな会話から始める人が多い。デイビッドもやはり「ボストン・レッドソックスの調子はどうだい」と野球の話から切り出した。

ジェレミーはデイビッドの話の意図を誤解して、ふだんの尊大な態度を崩そうとしない。その様子を見て取ったデイビッドは、もはや持って回った言い回しをやめて直接対決する以外にないと感じた。

たちまち、情け容赦ない会話に一変し、デイビッドはほとんど一人でまくし立てた。一方的な話が一段落した時、ジェレミーはじっと床を見つめていた。そして、黙りこくったまま部屋を後にした。

デイビッドは思わずほっとした。「面倒だったが、ジェレミーの逆鱗に触れることなく、案外簡単に片がついたな」。しかし、それはとんだ見当違いだった。

二日後、ジェレミーは、辞表を提出した。つまり、組織で培われたノウハウの蓄積が、そして一個の才能が失われる結果となったのである。

タイプ❷「いったい何がどうなっているの」

突如、ストレス・コミュニケーションに直面することもよくある。夏の通り雨のように、何の前ぶれもなく出現した場合ほど最悪なものはない。衝突を嫌う人にとってはなおさらだ。

会話中に感情が激昂し、四方八方に火花が飛び交う。しかも悪いことに、議論は正しい方向には進まない。まるで、屁理屈や神経過敏の黒雲に引きずり込まれていくようだ。

エリザベスとラファエルの例を見てみよう。

二人は、大手コンサルティングファームの同じプロジェクトチームでリーダーの立場にある。プロジェクトでは、ありとあらゆる問題が発生し、かなりの遅れが生じていた。

これを挽回するために、二人はスケジュールを再調整し、翌週に控えている、うんざりするような仕事の分担を決めようと相談していた。その間、エリザベスは、要点をホワイトボードに書いたり消したりしていた。話が終わると、彼女はラファエルに向かって、まるで決定事項を伝えるかのように「以上です。いいですね」と言った。それを受けて、ラファエルは、不満そうに口をぐっと結んだ。「あなたがそうおっしゃるのなら、そうなんでしょうとも」と言い返した。エリザベスは、はっとした。すぐに頭をフル回転させていまのやり取りを反芻してみたが、なぜラファエルが気分を害しているのかがわからない。彼女には、ラファエルの反応が自分の発言のせいだとは思えなかった。

このような場合、通常誰しもラファエルの無言の非難を否定して、後ろめたい気持ちを感じながらも防衛に回るものだ。しかし、エリザベスは対立を避けたかったので、ここは一歩譲ることにした。慌てて、こう付け加えた。

「ラファエル、ごめんなさい。何かまずかったかしら」

「誰が君を責任者に任命したんだい」という答えが返ってきた。

「いつから、私に向かって仕事を割り振る立場になったんだい」

こうして、ラファエルとエリザベスはややこしい会話に突入してしまった。何か行き違いがあったことは確実だが、エリザベスにはそれが何なのか理解できなかった。彼女は、不意打ちをくらったような心境だった。

仕掛かり中の仕事を進めようと意図した言動が、明らかに誤解されている。ラファエルの目には、エリザベスが仕事を仕切ろうとしていると映り、まるで自分が見下されたかのように感じられたのだ。

曖昧な言い方になるが、この会話の背景には、何やらこれら二人以外の人物が存在し、静電気による摩擦音のような見えざる力が働いているかのようだ。

エリザベスがラファエルに文句を言われた途端、「自分の落ち度のせいだ」と思ったのは、どういう幼児体験のせいなのか。また、ラファエルが、エリザベスが上に立って仕切っていると感じたのは誰の影響なのか。父親か、妻なのか。いずれにせよ、とりあえず場を仕切っただけのエリザベスに対して、ラファエルが見せた反応は過剰すぎるという印象を拭えない。

エリザベスは、ラファエルの憤慨の波に圧倒されて、また謝罪した。

「ごめんなさい。じゃあ、どういう分担にすればいいのかしら」

こう譲歩すると、とりあえず緊迫した空気は和らいだ。しかし、対等ではない関係の前例をつくってしまう結果になってしまった。それは、エリザベスにとっても組織にとっても不本意なことだった。

悪いことに、この会話の後もラファエルとエリザベスは同じチームを組むことになり、立場の変化にいら立ったエリザベスが、三カ月後にはプロジェクトから外されるはめになった。

タイプ❸「それは個人攻撃です」

次は、ストレス・コミュニケーションの攻撃的なケースである。心理的な刺激、レトリックなど、あらゆる手法を用いて、相手をたじろがせ、足元をすくい、さらには弱点を暴露したり、相手を卑下したりするといった類の会話である。

このような「撹乱戦術」は多種多様である。口汚くののしる、巧みに相手を操る、大声を張り上げるなど、実にさまざまだ。ただしすべての戦術が、誰に対しても引き金となったり、功を奏したりするわけではない。相手が怒り心頭に発するのは、撹乱戦術ゆえの結果ではなく、戦術と相手の弱点が重なった結果である。

ニックとカレンの例を見てみよう。両者はあるＩＴ企業のシニアマネジャーの職にあり、同等の立場にある。カレンをリーダーとするチームが、あるクライアントにプレゼンテーションを行ったが、情報もいい加減なばかりか、内容もお粗末極まりないものだった。おまけにカレンも部下も、基本的な質問にさえ答えられなかった。

当初は我慢していたクライアントも、だんだん黙り込んでしまい、ついにはいら立ち始めた。プレゼンテーションがすっかり支離滅裂になりかけたところで、手厳しい質問を浴びせかけた。チームはうろたえるばかりで、無能さを露呈する一方だった。

ニックは、その日のプレゼンテーションチームの一員ではなく、同席していただけである。彼は、カレンのプレゼンテーションの稚拙さを目の当たりにして、クライアント同様に驚いた。クライアントが去った後、彼はカレンに「いったい、どうしたんだい」と尋ねた。

すると、カレンは自己防衛の構えになり、逆にニックに食ってかかった。

「上司でもないのに、変な気遣いはやめて。私のやることなすこと、何にでもケチをつけるのだから」

カレンは敵意むき出しで、どなり続けた。ニックが口を開くたびに、カレンは非難や威嚇で対抗し、何とか彼の口を封じようとした。そしてこう言い放った。

「あなたが困っている時に、誰にも助けてもらえず放っておかれる場面を、見てみたいものだわ」

ニックは理性を保とうとしたが、カレンの勢いは止まらない。そこでこのように言った。

「カレン、落ち着けよ。君はこっちの言うことを全部ねじ曲げているよ」

ニックの直面した問題は、カレンのさまざまな撹乱戦術ではなく、彼女の戦術（非難、歪曲、脱線）のすべてが攻撃的だったことである。それゆえ、カレンとの会話に敗北した場合、その賭け金（被る損害の度合）はかなり高くなる。ほとんどの人が、攻撃的な戦術には弱い。それがどこまでエスカレートするのか、まるでわかったものではないからだ。

ニックはカレンの攻撃をかわそうとしたが、彼の冷静な判断は感情的な言葉の前には無力だった。ニックの冷静なアプローチは、カレンの攻撃的なアプローチに敗れた。その結果、ニックはカレンの仕掛けた罠に引っかかってしまった。

特に、例の「クライアントの件で仕返ししてやる」というカレンの脅しには当惑させられた。彼女は、ただ虚勢を張っているのか、本当にそうするつもりでいるのか、まったく判断がつかなかった。考えあぐねた末、彼はマネージングディレクターに相談した。実は、この上司はニックとカレンが自分たちの問題を協力して解決できないことにいら立ち、怒りさえ覚えていた。

結局、この口論をうまく処理する能力に欠けていた二人は、手厳しい報いを受けることになった。会社は、くだんのクライアントを失ったのは「二人のコミュニケーションの欠如が原因である」と判断し、二人の昇進を見送ったのだった。

ストレス・コミュニケーションに備える

以上の三つのタイプに対して、事前に備えることは可能だろうか。

まずは、自分が苦手とする相手と状況について自覚することである。

デイビッド、エリザベス、ニックのいずれもが相手をコントロールすることに失敗したが、自分の弱点をしっかり自覚できていれば、もう少しましな結果になっただろう。

たとえば、敵意を苦手とするならば、その対処法を学んでおく。退却か反撃か、つまり黙って耐えるべきか、言い返すべきか、である。どちらがよいかは一概に言えないが、どのようにストレス・コミュニケーションに対応すべきかを自覚していれば、自分の弱点もよくわかるばかりか、対処法をマスターすることも夢ではない。

ニックの場合を思い出してみよう。彼にもう少し自覚があれば、「自分は、カレンのように攻撃的な言葉を発する相手に対して、頑なに平静を保とうとする」と予想できただろう。ニックの控えめな態度は、カレンに会話の主導権を与え、必要以上に自分の弱点を利用させてしまったのだから。

ニックは、ストレス・コミュニケーションの最中ではなく、静かな時間に内省し、「自分には、理不尽で攻撃的な言葉に耐えられない傾向がある」ことについて落ち着いて熟考することもできたはずである。このように、弱点を自覚することで、事前の備えができる。カレンの予想外の非難に対してではなく、「自分は突然の攻撃に弱いのだ」という事実に対して精神的に備えられる。

誤解されやすいのだが、自覚することと際限なく内省することとは違う。そうではなくて、無意識に抱いている自分自身へのイメージを明確に言語化してみずから確認するということだ。

自分が苦手としているのはどのような類いの会話や相手であるか、過去の経験から誰しもが心得ているものである。会話の困難な場面では、それが自分の苦手な状況もしくは苦手な相手ではないか、と自問してみることだ。たとえば、自分は横柄な相手には牙をむく傾向がありはしないか。自分は、無視されたと感じた時に黙り込む傾向はないか。これらの危険ゾーンを把握していれば、前もって弱点に備え、対応に工夫ができよう。

明確な自覚があれば、感情に流されて会話が成り立たなくなるといった事態を回避できる。非営利団体の管理職であるデイビッドと尊大な部下ジェレミーの例を思い出してみよう。

ジェレミーの過去の振る舞いから推し量れば、デイビッドの会話の進め方——まずソフトに切り出し、それがうまくいかないと見るや急激にまくしたてるというアプローチ——では失敗してしまう。

デイビッドは、会話の機会を二回に分ければよかった。

まず一度目は、肝心の問題を提示する。ジェレミーの辛辣なユーモアと期待外れの業績について、彼自身の自覚を促すのだ。そして二度目に、じっくりと話し合う。このような段階を踏んで問題処理に当たっていれば、デイビッドもジェレミーも、一方的にまくしたてる会話ではなく、双方向に会話を組み立てる時間が取れただろう。そもそも急を要する問題ではなかったのだ。デイビッドは性急に決着する必要など、なかったのである。実際、もしデイビッドにもう少し自覚があれば、自分の採ったアプローチがジェレミーの性格を考慮したものではなく、単に自分が衝突を嫌っていたためのものであるということに気づいただろう。

ストレス・コミュニケーションで生じうる問題を具体的に予測するには、利害関係のない友人を相手にリハーサルを試みるとよいだろう。

その際、コミュニケーション上の弱点が自分と似通っていない友人を選ぶのがコツだ。できれば、聞き上手で、率直、しかも軽々しく個人的な判断を下したりしない人が望ましい。

まず、内容を伝えることから始める。口調や言葉を気にすることなく、本番の相手に伝えるべき内容を友人に語ってみる。たとえば、悪意のある口調で、おずおずと、皮肉な調子で、あるいは歩き回りながら、何でもよいから、ともかく口に出してみる。それから内容を反復しながら、重たい気持ちでないとすると、自分はどのようにしゃべるだろうかと想像してみる。友人が相手ならば、変に感情的になることもないので、都合がいいだろう。そして、忘れないように、言い回しを書き留めておく。

次には、言い回しを微調整する。本番の相手に話すことを想定すると、どうしても高圧的になりがちだ。そのうえ、何を口にするにせよ、概してワンパターンなフレーズしか浮かばないものだ。

そこで、「どのように言うのか、とにかく言ってみて」と友人に促されれば、不思議なほどスムーズに、しかもソフトに、効果的な言い回しが口をついて出てくる。避けなければならない表現に気を配れば、後は言うべきことを言えばよい。

その際、合わせてボディランゲージの練習もしておく。上がったり下がったりする眉。豆のつるのように絡み合う両足。そして緊張から来る不自然な笑い（これは必ず誤解を招く）。

これらの仕草は知らずしらずのうちに表れてしまうもので、きっと二人とも思わず吹き出してしまうだろう（**章末**「会話マネジメントのDNA」を参照）。

ストレス・コミュニケーションをマネジメントする

ストレス・コミュニケーションに備えるために、自覚を高めたり、事前にリハーサルしたりすることは大事なことだが、それだけでは不十分である。

次は、会話中にできることについて考えてみたい。「勝手に仕切るな」と言われたエリザベスの例を思い出していただきたい。エリザベスは、相手に向かい合った状況では落ち着いて考えることができなかった。しかし、そのような自分の傾向は把握していたはずであり、前もっていくつかの決まり文句を用意しておくべきだった。

ここぞという場面で思い出して瞬時に活かせるせりふを仕込んでおけば、彼女は黙り込んでしまうことも、とっさの思い付きに流されることもなかっただろう。

この解決策は簡単に聞こえるが、実際の会話で即利用できる戦術を準備している人などまずいない。それだけに一考の余地がある。

ストレス・コミュニケーションにうまく対処するには、まずこの準備不足を解消することが不可欠である。すなわち、新たなコミュニケーション・スキルが求められているのだ。このスキルは、命に関わるような場面で必要になるという点で、心臓マッサージを覚えることと似ている。

ではいよいよ、ストレス・コミュニケーションにおいて、実効のある三つのテクニックを伝授しよう。なかには、自分のスタイルにそぐわない言い回しも出てくるだろうが、それはあまり気にする必要はない。ここで重要なのは、各テクニックの仕組みを理解することである。そのうえで、臨機応変に自分なりの言い回しを考えることだ。

相手を尊重する

デイビッドがジェレミーに否定的な評価を伝えた時、まず遺憾の意を表し、自分にも責任の一端があることを認めていれば、結果はかなり異なっていたに違いない。

たとえば、こんな具合だ。「ジェレミー、仕事の質がちょっと落ちているね。一つに、君のユーモアも同僚たちには辛口すぎるようなのだ。これについては、私にも責任の一端がある。何しろ、この問題について率直に話すことをいままで先延ばしにしてきたのだから。君とは長いこと一緒に働いてきた仲間だし、一目置いてもいる」

このように、責任の一端を認めるテクニックは効果的な場合がある。会話の最初であれば、とりわけ有効である。相手を挑発することなく、話し合うべき難題に焦点を絞ることができる。

このテクニックは、込み入った会話に万能かというと、そうではない。ただしこの場合は、デイビッドのジェレミーとの対話の雰囲気を調整する効果が期待できよう。

問題を確認し合い、ジェレミーのことも認め、二人の間の絆を確認し、デイビッドの責任を明らかにする。ストレス・コミュニケーションにおいて、相手を尊重する気持ちを伝えるテクニックは、相手にすれば「寝耳に水」という場合には特に効果が大きい。

威厳のある態度で臨めるかどうか、それがストレス・コミュニケーションの解決を左右するカギとなる。そして、その成否は重大である。

結局、ジェレミーは退職してしまったが、これに留まらず、その後悪い噂を広めたり、インサイダー情報を悪用したりして、組織に損害を与える危険性もないとはいえない。デイビッドとの会話が耐えがたいものであればあるほど、その危険性は高い。

言い直して矛先をかわす

第二のタイプで見たエリザベスとラファエルの会話の場合、ラファエルが過去のストレス・コミュニケーションを思い起こして、エリザベスの言動を誤解したことが一つの問題点だった。

エリザベスはラファエルを精神分析しようとしたわけではない。実際にそんなことをすれば、火に油を注ぐだけだったろう。では、エリザベスはこの状況を和ませるには、どのように働きかければよかったのか。

エリザベスに必要なのは、ラファエルの過剰反応に潜む原因を把握するテクニックではなく、単にその場で適切に対処するテクニックだった。

「ラファエル、どうしてあなたがそのように取るのか、気持ちはわかるわ。でも、私はそういうつもりで言ったのではないの。さっきのリストの話に戻りましょう」

私はこれを「明確化の技術」と呼んでいるが、事態を落ち着かせるには非常に有効である。これを使えば、エリザベスは自分の側から、対決の場面を合意の場面へと切り変えられたはずだ。

ラファエルの抱いた印象については議論せず、それはそれとして受け止める。どう思うかは彼自身の問題で、関知する必要はない。

また彼女は、自分の意図したところをうんぬんする必要もない。自分の意図に従って発言することが、彼女の責任範囲なのだ。そうしたうえで、会話が中断されたところに話を戻せばよい（**章末**「気持ちと表現のギャップ」を参照）。

このテクニックは、ラファエルの動機とは関係なく有効である。エリザベスの言葉をラファエルが無意識に誤解していたにしても、エリザベスはラファエルと争うつもりはない。彼女は相手の印象をいったん認めて、それを訂正する。相手がけんか腰になっても、なだめるために無理して同意する必要もない。間違いを認めて、言い直すだけだ。

それで、どちらも面目を失わない。どちらも失点しない。どちらも脇道に逸れることはない。

言動と人格を区別する

ラファエルは、エリザベスを困惑させた程度だった。しかし、三番目の例では、クライアントへのプレゼンテーションで大失敗し、自制心を失ったカレンが、ニックにまっすぐ敵意をぶつけてきた。

カレンは、過去にも効き目のあった撹乱戦術を用いた。ニックは、それを避ける術を持っていなかった。それでもニックは、カレンの言動をその人格と区別して見ることはできたのではないだろうか。

たとえば、カレンの反応は彼女の性格の問題ではなく、撹乱戦術にすぎないと見るのだ。もしカレンのことを、歪んだ性格の、敵意に満ちた怖い人間と思ったところでどうなるというのだろう。他人の人格にいったい何ができるというのか。そういう話だ。

しかし、ニックがカレンの言動を、「ただ、以前うまくいった撹乱戦術をまた持ち出してきただけだ」と考えられれば、それに対処するテクニックも見えてくるだろう。

相手の戦術を無効にするには、それをはっきり指摘することが一番である。はっきり見抜かれた戦術をそのまま続けることは難しい。

たとえば、ニックが「カレン、一緒に仕事をするようになってだいぶ長いね。ただプレゼンのどこがまずかったのか、ちょっと言いようがないな。何が起こったのか、いまどうなっているのか、私の見方とあまりにも違うのでね」とでも言えば、ゲームの性格はがらりと変わる。

カレンを攻撃するわけでも、カレンの戦術にしてやられるわけでもない。そうではなく、撹乱戦術が会話の最大の問題だと指摘するだけである。

はっきり指摘することで、攻撃的な戦術の矛先を収めさせることができる理由はもう一つある。

攻撃的な相手を見ると、執拗に、そして際限なく議論を吹っかけてくるような気がするが、そんなことはない。誰であろうと、ためらうことなく攻撃するにもおのずと限界があり、それを超えて攻撃し続けることには抵抗を覚えるものだ。

ニックがカレンの戦術をそれと指摘しなければ、カレンは無意識に（あるいは無意識のふりをして）撹乱戦術を用いるだろう。しかし、ニックがはっきり指摘すれば、同じ戦術を続けるにもカレンはより激しく攻撃しなければならなくなる。

すでに限界に近づいていれば、不安にかられ、それ以上は続けられないはずだ。ニックがカレンを制止できなくても、彼女自身がみずから攻撃を止めることだろう。

誰もがストレス・コミュニケーションは不可避と考えている。事実、その通りだ。とはいえ、いつも気まずい結果に終わるわけではない。筆者のクライアントの一人、ジャクリーンの例を紹介しよう。

あるエンジニアリング会社で、彼女はただ一人の女性幹部であり、女性差別的な発言を問題視している。しかし、社内のある取締役は、わざと鈍感に振る舞っていた。

その取締役リチャードは、ジャクリーンを「君はフェミニストだ」と言って何度もからかっていたが、ある時ついに性差別的なジョークを口にしてしまった。

似たようなことは前にもあったし、ジャクリーンは複雑な気持ちが湧き起こるのを感じた。しかし、それがストレスとして跳ね返ってくることを重々承知していたため、すでに心の準備はできていた。

まず、ジャクリーンはそのジョークをしばらく無言で聞き流し、静かに本題に戻った。リチャードはというと、からかいの矛先を収められず、エスカレートした。「ジャクリーン、ジョークだよ」

とうとう、ジャクリーンはすっくと立ち上がり、そしてこう言った。「リチャード、あなたにとっては取るに足らない冗談なのでしょうけど、私はいたたまれないわ」

それ以上、何も言う必要はなかった。リチャードがさらにエスカレートしていたら、すべてを失っていたことだろう。事実、彼はギブアップした。「ああ、いたずらがまた妻にバレないようにしないとな」と言って、にやにやするだけだった。ジャクリーンは無言のままだ。言うべきことは言った。ことさら相手を追い詰める必要はないと考えたのだろう。

ストレス・コミュニケーションに対処するのは容易ではないが、ジャクリーンのように、問題を処理するテクニックを磨けば、上手に対処できる。

本稿で述べたアドバイスやテクニックは、ストレス・コミュニケーションを和らげるのに役立つだろう。後は、実際に使ってみるしかない。

あるテクニックがダメなら、別のテクニックを試してみる。まずは、不自然にならないような言い回しを用意しておく。そして練習を重ねる。そのような努力があって、初めて自分に最も適したテクニックが見つかるはずだ。

ストレス・コミュニケーションは避けて通れない難題である。とはいえ、適切な対処を準備できれば、切り抜けることは十分可能である。

会話マネジメントのDNA

ストレス・コミュニケーションの対処法は、会話を成立させるうえで欠かせない、内容、中立性、自制の三要素に還元できる。これらは優れたコミュニケーションにおける基本要素でもある。この三つをマスターすれば、一触即発に瀕している会話でさえ、うまく乗り切れる確率がぐっと高まるだろう。順に見ていくこととしよう。

❶内容を明確にする

まず、内容を明確にするには、実用的な言葉を用いることである。婉曲な言い回しや、持って回った表現は好ましくない。意図するところをはっきりと伝えるべきだ。

たとえば、「エミリー、おたくのご家族にとって、お父さんはサマーセットバレー（高級養護老人ホーム）に入ってもらうのが一番でしょう。でも、残念ながら、予算が足りません」といった具合だ。

あいにく悪い知らせの場合、明確な内容を直截に伝えるのは特に難しい。ストレス・コミュニケーションになりそうな場合、酷な気がして、ついお茶を濁してしまいがちだ。そこで、こんな風に言ったりする。

「ああ、ダン、このポストがどうなるかは未定だが、今後の可能性も視野に入れておくつもりだ」

このように、希望する昇進がダメになったことを告げる場合、あまりに持って回った表現だと誤解を招きかねない。忌憚なく述べる。これ自体が無慈悲なわけではない。

慈悲深いか否かを決めるのは、伝えるべき内容ではなく、その伝え方にある。外科医や僧侶、警官に尋ねてみるとよい。伝える際の表現が優れていれば、知らせ自体は悪いものでも、相手も何とか耐えられるものだ。

たとえば、「別の者が昇進した」ということを上司が部下に直接伝える場合、内容は極めて不快なものだろうし、悲しみ、怒り、不安といった感情が湧き起こって当然だろう。しかし、明快に伝えたほうが、相手も対応を考えやすい。実際、内容を明確化することは、重荷を増すどころか、相手の肩の荷を軽減する行為なのだ。

❷中立性を保つ

雰囲気とは、ストレス・コミュニケーションにおける非言語的な部分を意味する。言葉の抑揚、表情、意識的あるいは無意識的に表れるボディランゲージなどである。激情にかられた場合、中立的なムードを維持するのは難しいが、ストレス・コミュニケーションにあっては、なるべく中立性が望まれる。

NASAの例は一つの模範である。NASAは、どんなに厳しいメッセージであっても、常に変わらない平静さで内容を伝える。たとえば、こんな具合である。

「ヒューストン、問題が発生した」

この種の中立性を身につけるには、しかるべきトレーニングが必要ではある。しかし、会話が緊迫してきた場合には、努めて中立性を心がけるのが最善の策といえよう。

❸抑制した表現に努める

三本柱の最後は、抑制の利いた節度ある表現である。

言葉は無限に広がるもので、言うべきことを伝える選択肢はいく通りもある。抑制の効いた表現もあれば、相手を逆上させるだけで何一つ伝わらない言い方もある。

たとえば、米国で最も険悪な表現は、訴訟の可能性をちらつかせた表現である。

「四月二三日までに小切手をいただけない場合、当方の顧問弁護士に連絡するしかありません」

この種の言い回しは、総じて相手を激昂させるものだが、もともと緊張関係にあった場合はなおさらである。

しかし、ストレス・コミュニケーションの対処法は、相手を言い負かすことや敵対するためのものではない。双方で検討を進めること、正確に聞き、正確に伝えること、そして有益な対話を交わすことが本来の目的である。

したがって、今後誰かに「話に割り込まないで」と怒鳴りたくなったら、こう言ってみてほしい。

「もう少しだけ待っていただけませんか。考えがまとまっているうちに、最後までお話ししたいのです」

抑制の効いた表現は、ストレス・コミュニケーションを和らげるのに一役買うはずである。

気持ちと表現のギャップ

ストレス・コミュニケーションでよく見られるのは、自分の言い分しか頭にないというケースである。感情の水銀柱が上がるにつれて、自分の言わんとすることを相手も理解してくれるはずだと錯覚し始める。つまり、自分の意図は当然伝わっていると決め込んでしまうのだ。

ある研究によれば、ストレス・コミュニケーションにおいて、ほとんどの話し手が――その話し方とは関係なく――自分の話は好意的に受け止められていると思っているそうだ。しかし、話し手が意図するところが、ありとあらゆる人に伝わるはずがない。ましてや、ストレス・コミュニケーションでは言うまでもない。

この点を理解するために、誰かから「悪い意味に取らないでほしいのだけど……」と言われた時のことを思い出してみてほしい。それは本心からかもしれないのに、ほとんどの人は反射的に心を固くする。多少なりとも攻撃的もしくは批判的な言葉を予想してか、つい身構えてしまう。きまってそう反応する。ストレス・コミュニケーションに関する単純な法則が一つある。

「人間は言葉と矛盾する意図を表現することはできない。したがって、言葉が意図を表現する」

特に、ストレス・コミュニケーションにおいて重要なのは、「どのような言葉で表現するか」である。自分がどのような意図を持っているのか、どのような感情を抱いているのかではない。

とはいえ、会話の当事者には尊重すべき感情や意図がないという意味ではない。もちろん、それは誰にでもある。しかし、ストレス・コミュニケーションに対処することの目的とは、双方の意思疎通を図るためであり、どちらか一方の意図を通すことではない。

もちろん会話が込み入った場合、「ここまではっきり言いたくはないが」と思うことが誰にもある。あえて明言は避け、何とか相手に察してもらえないものかと願う。しかし、このような責任の分担は間違っている。この論法だと、正しく伝えるのは話し手の責任ではなく、聞き手がうまく察しなくてはならないことになる。どのような会話でもそうだが、ことにストレス・コミュニケーションの場合、話し手には自分の言うべきことを確実に相手に伝える責任がある。

結局のところ、部下に――であろうと――はっきり伝えたほうが、管理職としてずっと堂々としている。

「コリー、君にデスクを用意しておいたよ。転職の斡旋期間は六週間だ。七月末には、退社してもらうことになったのでね」

逆に、相手にこちらの意図を察してもらうようにし向けるのは、逃れようのない苦悩をいたずらに長引かせるだけである。

第10章

「説得」の心理学

アリゾナ州立大学 リージェント教授
ロバート B. チャルディーニ

"Harnessing the Science of Persuasion"
Harvard Business Review, October 2001.
邦訳「『説得』の心理学」
『DIAMONDハーバード・ビジネス・レビュー』 2002年3月号

ロバート B．チャルディーニ
(Robert B. Cialdini)
アリゾナ州立大学リージェント教授（心理学担当)。著書に『影響力の武器［第3版］――なぜ、人は動かされるのか』（誠心書房、2014年）がある。影響力のメカニズムについては、www.influenceatwork.com に最新情報が掲載されている。

説得を「芸術」から「科学」へ

聴衆の心をわしづかみにする方法。意見の固まっていない人々を惹き付ける方法。反対の立場を取っていたはずの人々をなびかせる方法——。これらの方法を心得ているのは、ごく一握りの人々のみである。こうした「説得の達人」が周囲に魔法をかける様子を見ていると、感嘆すると同時にいら立ちを感じずにはいられない。感嘆するのは、カリスマ性と弁舌の巧みさによって他人を意のままに操っている点、そしてそれ以上に、相手の心を強く惹き付けて話に聞き入らせている点である。

それでは、なぜいら立ちを感じるのか。生まれながら高い説得力を持った人々の多くが、その傑出したスキルを解き明かすことも、他人に伝授することもできないからだ。彼ら彼女らは言わば芸術を極めているのである。芸術家は一般に、アートを実践することには長けているが、その秘訣を他人に伝えることは得意としない。世の中には、カリスマ性にも説得力にも乏しいにもかかわらず、リーダーとして部下に何とか仕事をしてもらわなければならない人々がいるが、芸術家はそうした人々の力になることができない。

「部下に何とか仕事をしてもらう」というのは、多くの企業のマネジャーにとってつらいけれども避けられない任務である。マネジャーたちは、自分のことばかりを考えているような社員を相手に、日々、どうすればモチベーションを引き出すことができるのか、どのような指示を出せばよいのか頭を悩ませている。「上司の言うことを聞け」などというせりふはまったく通用しない。こうしたせりふは、悪くすれば部下のやる気を削いだり、プライドを傷つけたりしかねない。そうでなくとも、クロスファンクショナルチーム、ジョイントベンチャー、企業間提携などのように、上下関係が曖昧で、建前上の上下関係よりも説得力のほうがはるかに大きな影響を持つ状況で仕事をする場合には、まったく意味を成さないだろう。

話を元に戻そう。説得力の必要性はかつてないほど高まっているように思われる。しかし、才能ある人々から秘訣を伝授してもらえそうもないのであれば、科学に目を向けることによって説得術を身につけるしかない。この五〇年の間、行動科学の諸実験によって、相手からいかにして譲歩、従順さ、態度の変化などを引き出せばよいかといった研究が飛躍的に進み、次のことがわかった。

❶説得というのは人間の根源的な衝動やニーズの一部に訴えかけるものである。
❷そこには予測可能なパターンが存在する。

言い換えれば、説得にはいくつかの基本原則があって、教え、学び、応用することができる。それらの原則をマスターしさえすれば、厳然たる科学に基づいてコンセンサスを形成し、契約を勝ち取り、譲歩を引き出すことができる。本稿では、説得の基本原則とそれを実務に応用するための具体的ヒントを紹介していく。

【原則1】好意を示す

――人々は好意を示してくれた相手の説得に応じる

◆具体的ヒント

自分と相手の共通点をアピールする

相手を心から称賛する

初めに格好の事例を挙げたい。「タッパーウェアパーティ」である。タッパーウェア製品のデモンストレーションは、個人――ほぼ一〇〇％女性である――が多くの友人、隣人、親戚などを招いて開き、招待された人々は、主催者への好意からタッパーウェアを購入する。この事実は、一九九〇年に実施された調査によって裏付けられている。この調査を行ったジョナサン・フレンツェンとハリー・デイビスは、*Journal of Consumer Research*（『消費者調査』誌）にこう書いている。「『主催者の好感度』と『製品の印象』を比べると、購買決定への影響力は前者が後者の二倍にも上る。すなわち、参加者は自分のためだけでなく、主催者に喜んでもらうためにタッパーウェアを購入しているのである」

同じようなことは、ビジネス全般にも当てはまる。したがって、人々に影響を及ぼしたいなら、友好的な関係を築くことである。具体的にはどういった方法があるのだろうか。一定の条件下での調査によれば、友好関係を築くうえで役に立つ要素はいくつもあるが、とりわけ「共通点をアピールすること」と「相手を称賛すること」の二点が大きな意味を持っているという。人間誰しも、共通点を多く持った相手に惹かれ合うものである。一九六八年に*Journal of Personality*（『パーソナリティ』誌）に掲載された記事によれば、政治観や社会観が似通っていることを知ると、人と人との心理的距離は縮まるという。また、*American Behavioral Scientists*（『アメリカの行動科学者』誌）に一九六三年に掲載された記事によれば、保険のセールス担当者と顧客が年齢、宗教、政治、さらには好みのタバコなどの点で似ている場合、成約率が高い傾向があるという。基礎となったのは、著者F・B・エバンスが保険会社から入手した人口統計学に基づいたデータである。

企業のマネジャーも相手との共通点を引き合いに出せば、入社してまもない部下、他部門のトップ、新しい上司などとの絆を強めることができるだろう。仕事の合間に雑談をすれば、共通点（趣味、応援しているバスケットボールチーム、テレビドラマ『となりのシャインフェルド』の再放送を楽しみにしていることなど）を見つける格好の機会となる。大切なのは、早い時期に絆を築くことである。そうすれば、以後のあらゆる局面で好意や信頼を生み出すことができる。説得しなければならない相手がこちらに好意を持ってくれていれば、プロジェクトへの支持を取り付けるのも難しいことではない。

他方の「称賛」は、相手の心を魅了する、警戒心を解く、といった役割を果たす。称賛の中身は必ずしも事実を反映していなくてもよい。ノースカロライナ大学の研究者グループは、*Journal of Experimental Social Psychology*（『実験に基づく社会心理学』誌）に「人々は、自分に惜しみない称賛を寄せてくれる相手に非常に強い好感を持つ。たとえその称賛の内容が真実ではないとしても」と書いている。

また、エレン・バーシャイドとエレーヌ・ハトフィールド・ウォルスターは *Interpersonal Attraction*（〈好感〉Addison-Wesley, 1978）で実験データを示しながら、資質、態度、業績などをほめると相手から好意、ひいてはこちらの望みをかなえようとする気持ちまで引き出せると述べている。

相手を称賛するという原則をうまく活かせば、実り多い人間関係を築けるだけでなく、ギクシャクした関係、非生産的な関係を修復することもできるだろう。自分が大きな事業部を率いていると想定していただきたい。業務を遂行するためには、虫の好かない相手——名前を仮に「ダン」としておこう——としばしばコミュニケーションを取らなければならない。だが、こちらがどれほど骨を折っても、ダンは満足しないようである。それどころか、たとえこちらが最善を尽くしてもけっしてそれを認めようとしない。そうしたダンの態度、こちらの能力を明らかに見くびり善意をまったく信じていない点に憤慨して、あなたは彼とのコミュニケーションに十分な時間を費やしていない。その結果、ダンの事業部もあなたの事業部も業績を悪化させている。

称賛に関する調査をひもとくと、このこじれた関係をどのようにして修復すればよいかが見えてくる。見つけるのに苦労するかもしれないが、ダンにも心から尊敬すべき点が必ずあるはずである。部下への気遣い、家族への思いやり、あるいは仕事上の倫理……何らかの美点を探し出して、次にダンに会った時にほめてみてはどうだろう。その際には、あなたとダンの価値観に重なる部分がある点を強調するとよい。おそらく、ダンはあなたへの否定的な気持ちを和らげ、能力や善意を示すきっかけを与えてくれるだろう。

【原則2】心遣いを怠らない

――人々は親切な行為を受けると、それに応えようとする

◆具体的ヒント

自分がしてもらうと嬉しいことを相手にもする

こちらがほめるとダンの心が温まり、態度が柔らかくなる。なぜだろうか。たとえ偏屈であっても、ダンも人間だから、こちらの態度次第で自分の態度を変えるのである。同僚から微笑まれて同じように微笑みを返した経験があれば、あなたもこの原則の意味することがわかるだろう。

慈善団体も、助け合いの精神に訴えて寄付を集めている。米国傷痍退役軍人会などは何年も前から、「寄付のお願い」の文面を工夫することで、送付先の一八％から寄付を得ていた。ところがある年、小さなプレゼントを同封してみたところ、寄付率は実に三五％――それまでの二倍近く――に跳ね上がったという。プレゼントは住所用シールという極めて簡素なものであったが、受け手にとって重要なのは中身ではなく、プレゼントをもらったという事実なのである。

同じことはビジネスの世界にも当てはまる。部品製造企業などのサプライヤーは、クリスマスになると顧客企業の調達部門にプレゼント攻勢をかける。言うまでもないが、目的は単に季節のあいさつをす

ることではない。一九九六年のInc.（『インク』誌）のインタビューによると、企業の購買マネジャーは、サプライヤーから贈答品を受け取った後には、予定外の製品であっても購入したいと考えるようになるという。

プレゼントは、顧客のリテンション（維持）にも大きな影響を及ぼす。筆者はかつて、自著を読んでくれた人々に、「どのようにすれば他人に影響を及ぼすことができるか、その原則を知っていたら教えてほしい」と頼んだことがある。オレゴン州の職員だというある読者は、なぜ自分が上司に尽くそうという気持ちを持っているか、その理由をしたためてくれた。

上司は、毎年忘れずに誕生日プレゼントをくれます。そのうえ、クリスマスには息子の分までプレゼントを用意してくれるのです。

現在の部署では私に昇進の可能性はなく、昇進を望むのであれば他の部門に移るしかありませんが、異動を希望しようという気持ちにはどうしてもなれません。上司がまもなく定年になりますから、異動の希望を出すのはその後にするつもりです。……上司がそれはよくしてくれるものですから、彼がいる間はこの部署を離れたくないのです。

プレゼントを贈るというのは、心遣いを示す素朴な手法である。原則2をよりスマートに実践すると、「先行者利益（最初に市場に参入した者が有利）」の法則通り、必ずや相手から前向きな姿勢を引き出し、実り多い人間関係を築ける。こちらから率先して相手に心遣いを示すことによって、同僚や部下から望ましい行動を引き出せるのだ。信頼感、協力の精神、好ましい態度……何にせよ、部下に何かを望むのであれば、まずはみずから実践することである。

情報の共有や経営資源の配分などに苦慮している場合にも、同じことがいえる。切迫したスケジュールの中、同僚が人手不足に悩んでいるとしよう。部下にその仕事を手伝わせれば、困った時に相手から助けを得られる可能性は大きくアップするだろう。謝意を伝えられた時に次のように答えておけば、なおのことである。

「いいえ、とんでもない。私も困ることがあると思いますから、お互い様です」

【原則3】前例を示す

——人々は自分と似ている相手に従う

◆具体的ヒント

共通する知人の前例を引き合いに出す

人間は社会的動物であるから、考え方、感じ方、行動の仕方に周囲からの影響を強く受ける。誰もが直感的に知っているこの事実は、実験によっても証明されている。その先駆けともなった実験——一九八二年に*Journal of Applied Psychology*（『応用心理学』誌）に掲載された——を紹介したい。場所はサウスカロライナ州コロンビア、内容は一般の家庭を訪問して寄付を募るというものである。協力を呼びかける際には、すでに寄付をしてくれた人々のリストを見せるのだが、そのリストが長ければ長いほど、相手から「イエス」の答えを引き出しやすいことがわかった。

寄付を求められた人にしてみると、すでに友人や隣人の名前が載っているリストは、みずからの行動指針となる。この「友人や隣人」という点が重要で、リストに載っているのが知らない人々ばかりであれば、指針として大きな効果は期待できない。一九六〇年代に *Journal of Personality and Social Psychology*（『人格と社会心理学』誌）に、次のような事例が紹介されたことがある。ニューヨーク市で、街行く人々に「財布を拾ったら、持ち主に返してもらえませんか」と頼んでみた。その際に「以前にも他のニューヨーカーが力を貸してくれました」と伝えると、協力を得られる可能性が高くなるという。ところが「以前にも外国人が力を貸してくれました」と伝えても、相手の心を動かすことはできなかったのだそうである。

これら二つの実験からわかるのは、部下に何かを説得したいのであれば、他のチームメンバーの前例を引き合いに出すとよいという点である。セールス担当者の大多数がすでに心得ている事実は、科学も証明している——クチコミは、多くの共通点を持った顧客の間で威力を発揮する。この教訓は、たとえば新しい施策の意義を部下に訴えたい時にも役に立つ。仮にあなたが部内の業務プロセスを合理化したいと考えているが、ベテラン社員たちからの抵抗に遭っているとしよう。このような場合、あなた自身がその施策のメリットを説くよりも、賛成してくれているベテラン社員にみんなの前で意見を述べてもらうことを勧めたい。同僚からの太鼓判は他のベテラン社員たちの納得を引き出すだろう。上司のあなたがコメントを付け加える必要はないはずである。ここでポイントをまとめておこう。影響力は上から下へよりも、横方向に強く働くものである。

【原則4】言質を取る

――人々ははっきりと約束したことは守る

◆具体的ヒント

周囲にわかるように自発的に約束させる

相手から好意を引き出すのは、有効な戦略である。とはいえ、説得に際しては自分の人間性、考え方、製品などに単に好意を持ってもらうだけでは十分でなく、自分がしてほしいことをしてくれるという約束や言質（コミットメント）を引き出さなければならない。恩を施すのも相手に〝貸し〟をつくる一つの方法だが、もう一つの方法は、相手から公にコミットメントを引き出すことだろう。

筆者の研究によれば、人々はひとたび何かに賛成を表明すると、その立場を守り続けようとする。このことは他の調査でさらに補強されている。つまり一見したところ何でもないような小さなコミットメントですら、後の行動を大きく縛るのだ。

一九八三年の *Personality and Social Psychology Bulletin*（『パーソナリティと社会心理学紀要』）に、

イスラエルの研究者がこう書いている。ある大規模なアパートで全戸の半数に、老人や身体障害者向けにレクリエーション施設をつくるための署名を求めた。善意に根差した請願で、大きなコミットメントを求められているわけでもないことから、ほとんどの人が署名をしてくれた。その二週間後、「身障者の日」に今度は全戸に寄付を求めてみた。すると、初めて訪れた先では半数が応じてくれた。ところが、先に署名をした人々は実に九二％が寄付をしてくれた。明確に、公に、また自主的にコミットメントをしたため、それを守る義務を感じていたのである。この「明確に」「公に」「自主的に」という三点は独立に見ていく必要があるだろう。

人間は明確に意思表示をすると――声高に宣言したり文書に残したりすると――、その内容に沿って行動する可能性が高くなる、という実証的事実がある。一九九六年の*Personality and Social Psychology Bulletin*にデリア・チョッフィとランディ・ガーナーが以下のように記している。公立学校に向けてエイズ予防の啓蒙活動を企画した時のことである。学生ボランティアのあるグループでは、「公立学校のエイズ啓蒙活動へ参加します」との書面を全員に寄せてもらった。もう一方のグループには、「参加したくない」との意思表示をしなかった学生ばかりを集めた。数日後、ボランティアを招集してみると、全体の七四％が参加を書面で約束したグループの学生で占められていた。

マネジャーの方々、どうすれば望み通りの行動を部下に取らせることができるか、もうおわかりだろう。そう、部下たちに文書でコミットメントを示させればよいのである。たとえば、リポート提出時期を厳守するように命じたい場合、部下が同意したら、その旨を文書で提出させるとよい。そうすれば、約束が守られる可能性は大幅にアップする。人々は、文書で約束したことは守ろうとするものである。

コミットメントの社会的性格についての研究によれば、文書を多くの人々に公表すると、その内容が守られる可能性はいっそう高まるという。この点に関しては古典的な実験がある。一九五五年に*Journal of Abnormal and Social Psychology*（『異常心理と社会心理』誌）に掲載されたものがそれである。この実験では、大学生を対象に、画面上に映し出された線の長さを推測するように求めている。第一のグループには、答えを紙に記入して署名のうえ提出するように求めた。第二のグループにはボードに答えを記入して、その後すぐに消すようにと指示した。そして第三のグループには、答えを心の中にしまっておくように指示した。

次に主催者は、根拠を示しながら、「あなたたちの答えは間違っている可能性がある」と各グループに伝えた。答えを公表していない第三のグループの学生たちは、間違いなく考え直した。ボードに答えを記入し、すぐに消した学生たちは、最初の答えにこだわった。しかし、最初の答えを変えようとしない傾向は、署名をした第一のグループに非常に強かった。

この実験が浮き彫りにしているのは、私たちには他人の前で首尾一貫した行動、ないしは姿勢を示したいという気持ちがあるという点である。部下にリポートの提出期限を守らせる件に話を戻すと、「一度示した意思や態度は変えたくない」という気持ちをうまく利用するのがよい。ひとたび相手に「期限を守るのは大切なことである」と納得させたら、そのことを周囲に知らせて、約束を守るように仕向けるとよい。本人にこんなメールを送るのも一案である。「とても大切な約束をしてくれたので、製造担当のダイアンや出荷担当のフィルにも見せました。二人とも『素晴らしい！』とコメントしていました」。約束に正統性を持たせるためにはさまざまな方法があるだろうが、いずれにしても、新年の誓いのように誰もがすぐに忘れてしまうようなものではいけない。内容を公表し、多くの人々の目に触れさせるようにしなければならない。

いまから三〇〇年以上も前に、サミュエル・バトラー（英国の詩人）が、自発的に約束されたものでなければ、長続きしないし、効果もないことを簡潔に述べている。「無理に約束をさせられた人は、自分の意思を捨てていない」。誰かから強制されたのでは、コミットメントとは呼べない。歓迎されざる重荷である。もしあなたが上司から、政治家の選挙運動への寄付を求められたらどうだろうか。投票所でその候補者に投票する可能性が高くなるとは考えにくい。事実、シャロン・ブレームとジャック・W・ブレームは一九八一年刊行の*Psychological Reactance*（〈心理的反作用〉Academic Press）で「寄付を強制した上司への怒りから、逆の行動に出るおそれが強い」として、根拠となるデータを紹介している。

このような反動は、職場でも起きる可能性がある。リポート提出期限に遅れる部下の事例に再び戻りたい。部下の行動パターンを永久に変えたいのであれば、脅したりプレッシャーをかけたりするやり方は賢明ではない。そんなことをすれば、相手は自分からコミットメントしたのではなく、強制されてやむなく従ったと考えるだろう。できれば、部下が何に価値を置いているかを探り出して（仕事のスキルやチームワークなど何でもよい）、リポートを期限内に提出することがその価値と相通じることを説明するとよい。そうすれば、相手にとって、改善への動機付けとなるだろう。自分自身で必要性を認識すれば、相手はあなたが目を光らせていなくても目標へ向けて努力を続けるはずである。

【原則5】権威を示す

——人々は専門家に従う

◆具体的ヒント

自分の専門性や専門知識を周囲に示すこと

「当然知っているだろう」と考えるのは早計である

いまから二〇〇〇年前に古代ローマの詩人ベルギリウスが、「どうすれば正しい判断を下せるでしょう」と相談した人々に対して、「専門家の意見に従うように」といった趣旨のことを述べている。これが適切なアドバイスであるかどうかはさておき、人々がこの教え通りの行動を取っているのは間違いない。現に高名な専門家の意見がメディアで紹介されると、驚くほど大きな反響が生まれる。

一九九三年に *Public Opinion Quarterly*（『パブリック・オピニオン』誌）に掲載された研究によれば、『ニューヨーク・タイムズ』に専門家の意見が載ると、世論調査ではそれと同じ回答をする者の比率が二％ほど増えるという。一九八七年の *American Political Science Review*（『アメリカン・ポリティカル・サイエンス・レビュー』誌）には、全国放送で専門家が意見を述べると、世論調査の結果を四％動かすとある。皮肉な見方をする人々は、世間がいかに付和雷同しやすいかがわかるだけだ、と考えるかもしれない。

だが、別の解釈をすべきではないだろうか。複雑このうえない現代社会では、信頼できる専門家の意見は価値が大きく、それに従うと効率的に正しい判断に到達できる。実際のところ、法律、金融、医療、テクノロジーといった問題の中には専門知識がなければ判断できないものがある。専門家に頼る以外に問題を解決する方法があるだろうか。

このように専門家が重んじられるのには、それ相応の理由がある。したがって企業のマネジャーたちは、十分な専門性を身につけてから周囲に影響力を及ぼすように注意すべきである。ところがあきれたことに、「自分は高い専門性を持っていると評価されている」と誤解している事例が散見される。筆者が同僚とともに、ある病院にコンサルティングを行っていた時にも、こんなことがあった。理学療法士が、心臓発作で入院していた患者が退院と同時にリハビリをやめてしまうケースがあまりに多いと嘆いていた。自宅で定期的にリハビリをすることの必要性を何度説いても、馬耳東風なのだという（リハビリは身体機能の回復に欠かせないのだが……）。

そこで一部の患者にインタビューを試みたところ、理由が判明した。患者は医師の経歴や研修受講歴は知っているが、理学療法士についてはどういった資格を持っているのかをほとんど知らなかったのである。この情報不足を解消するのは難しいことではなかった。理学療法の責任者に依頼して、療法室の壁にスタッフの受けた賞状、卒業証明書、資格証明書などを貼り出すようにしたのである。その結果、リハビリの実施率が実に三四％もアップし、以後その水準で保たれている。

筆者は、この結果そのものだけでなく、そこに至るプロセスに大きな価値を見出している。患者を騙したり脅したりするのではなく、情報を提供することによって、好ましい方向へ誘導することができた。つくり話をすることも、多大な時間や資源を費やすこともなく済んだ。理学療法士は真の専門性を持っている。筆者たちはただ、その事実に光を当てただけである。

ところが、企業のマネジャーが周囲に専門性を納得させるのは、それほど容易なことではない。卒業証明書を壁に貼り出しただけでは、注意を引き付けることができないため、少しばかり知恵を働かせる必要がある。米国以外の国々では、初対面の相手とビジネスをする際には、まず互いを知るための場を設けるのが習慣となっている。会議や交渉の前日にディナーをともにすることも少なくない。

こうした社交を通して話し合いをスムーズに進める下地をつくり、立場の違いを埋めることができる(好意を示したり、相手と自分の共通点を明らかにしたりすることの重要性も思い出していただきたい)。専門性をアピールすることもできるだろう。翌日のミーティングテーマと同じような問題をうまく解決した実績を、披露してもよい。あるいは、複雑な専門を何年もかけて究めたことを話してもよい――ただし、さも自慢げにではなく、あくまでも相手とのやりとりの中に自然に織り交ぜるのである。

もとより、時間的な制約からこうした場を設けられない場合もあるだろう。しかし、たいていの会議では最初にあいさつくらいは交わすはずである。さりげなく自分の経歴やこれまでの経験などに触れるチャンスが、必ずあるだろう。自分のことを相手に知ってもらえば、早い段階で専門性をアピールでき、ビジネスの本題に入った時にこちらの主張を尊重してもらえる。

【原則6】稀少性を巧みに利用する

――人々は自分にないものを求める

◆具体的ヒント

自分だけの強みや独自の情報をうまくPRする

数々の研究が示しているように、手に入りにくいものほど大きな価値がある。この事実は、マネジャーにとってこのうえなく役に立つはずである。限られた時間、限られた資源、ユニークなチャンスなどについて、この「稀少性の原則」をうまく活かしてみるとよい。「ボスは明日から長期休暇だ。例の件を報告しておかなくてもいいのか」――こう同僚に耳打ちするだけで、仕事を大きく前に進めることができる。

流通業のPR戦略も参考になる。流通分野では、「製品を買うことによるメリット」よりもむしろ「買わないことによるデメリット」を顧客に訴えている企業が多い。このようなPR戦略がいかに大きな効果を持っているかは、カリフォルニア州のマイホームオーナーを対象に一九八八年に行われた調査が実証している（この調査については *Journal of Applied Psychology* に詳しい）。対象者の半数には「自宅に十分な保険をかければ、毎日Xドルを節約できる」とアドバイスし、残りの半数には「保険をかけずにいると、毎日Xドルを失うことになる」と警告した。すると、保険契約率は後者のグループのほうがはるかに高かった。同じ現象はビジネスの世界でもよく見られる。*Organizational Behavior and Human Decision Process*（『組織行動と意思決定プロセス』誌）で紹介されている一九九四年の調査によれば、経営者は「利益を手にする可能性」よりも、「損失を出すおそれ」をはるかに強く意識して意思決定を下しているという。

もう一つ心得ておくとよいのは、一般に入手できるデータよりも、公にされていない情報のほうが大きな説得力を持つという点である。かつて筆者の指導で博士課程に在籍していたアムラム・クニシンスキーは、一九八二年に「牛肉の卸売業者による購買決定」をテーマに博士論文を書いている。その論文によれば、「天候の影響で、まもなく輸入牛肉が手に入りにくくなる」という情報をもたらしたら、卸売業者は通常の二倍以上の肉を購入したという。ところが、「この情報はほかには誰も知らない」と付け加えると、購入量は何と六〇〇％も増えたそうである。

一般には知られていなくて、なおかつこれから推進しようとしているアイデアや施策にとってプラスの情報を持っていさえすれば、誰でも稀少性の原則を活かすことができる。そのような情報を手に入れたら、組織内のキーパーソンに集まってもらうとよい。たとえ、みんなを色めき立たせるような情報ではなくても、「ほかでは得られない」というだけで途端に輝きを放つようになる。そこで、こう語りかけてみてはどうだろう。「今日手元に届いたばかりのリポートです。配布するのは来週になってからですが、この場にいる皆さんにだけは先にお見せしましょう」。全員が、身を乗り出してくるはずである。

さて、言わずもがなの点をあえて強調しておきたい。〝耳よりの情報〟に偽りがあったり、「いますぐに動かなければチャンスを逃す」といった脅しがハッタリであったりすることは許されない。道徳的に問題があるばかりか、目的を達するうえで大きなマイナスとなる。嘘や偽りはいずれ必ず気づかれる。そうなれば、情熱が失われ、猜疑心だけが残ることになる。原則2の「心遣いを怠らない」を思い出していただきたい。

説得の効果をより高めるために

これまでに紹介してきた六原則は、難解さや曖昧さとは無縁で、「人はいかに情報を受け取り判断を下すのか」といった点について、直感的に知っていることをまとめただけである。このため、心理学を学んだことのない人であってもすぐに理解できる。ただし念のため、これまでセミナーやワークショップを行ってきた経験から、二つのポイントを述べておきたい。

第一に、六つの原則とその具体的ヒントは個々に説明したほうがわかりやすいのだが、実践するに当たっては組み合わせて用いるべきである。そのほうが高い効果を期待できる。たとえば、「権威を示す」という原則については、インフォーマルな付き合いや会話を通して相手から信頼や敬意を引き出すべきだと述べたが、こうした会話の際には、実は情報を伝えるだけでなく聞き出すこともできる。ディナーの席上で自分が十分なスキルや専門性を持っている点をアピールしつつ、相手の経歴や趣味などを探ってみてはどうだろう。自分との共通点を見出せるかもしれないし、相手を心から尊敬することにつながるかもしれない。権威を示すと同時に良好な関係を築くことができれば、説得力は倍増するだろう。そのうえ、相手から同意を得られれば、その影響で他の人々の支持をも取り付けられるだろう。

第二に、倫理が重んじられることを重ねて述べておきたい。誤った情報による誘導は倫理的に認められないだけでなく、効果の面でもマイナスである。たとえ偽りや脅しが効いたとしても、ごく短期間のことで、最終的には、ひずみのほうが大きくなる。とりわけ、強い信頼や緊密な協力が欠かせない組織では、致命的となるだろう。

この点を鮮やかに示すエピソードがある。紹介してくれたのは、筆者のワークショップに参加した、ある大手繊維メーカーの部門長である。彼女によれば、その会社のバイスプレジデントは権謀術数を駆使して、各部門のトップから無理にコミットメントを引き出すのだという。提案内容を十分に検討・議論するだけの時間を与えてくれればよいのだが、最も忙しい時間を見計らったようにやってきて、うんざりするほど微に入り細にわたって説明する。そして最後にこう迫るのである。

「ぜひ協力してほしい。当てにしていていいだろうね」

言われたほうは怯えと疲れから、とにかくこのバイスプレジデントが去ってくれることを願うようになる。このため、例外なく「イエス」と答えてしまう。ところが自発的にコミットメントを示したわけではないため、部門長たちにはどこまでも力を尽くそうといった強い気持ちは起こらない。やがてプロジェクトそのものが頓挫するか立ち消えになる。

ワークショップでこのエピソードが披露されると、居合わせた参加者たちは大きな衝撃を受けた。なかには、自分にも思い当たる節があるのか、顔を真っ青にしている人々もいた。だが、みんなを凍り付かせたのは、語り手の表情であった。バイスプレジデントの思惑が外れたことに話が及んだ時、語り手の表情には、えも言われぬ満足感が漂っていた。

この事例が何よりも雄弁に語っている――権威をいたずらに振りかざして相手の同意を取り付けるのは、倫理に反するのみならず、逆効果ですらある。しかし、この「権威の原則」は、使い方を誤らなければ適切な判断を導くことができる。専門性、純粋な義務感、確かな共通点、真の権威、稀少価値の高い情報、自発的なコミットメント……これらを土台に得られた結論は、すべての当事者に利益をもたらすだろう。全員が恩恵にあずかるようなアプローチが悪いものであるはずがない――そうではないだろうか。もとより、筆者の考え方を強要するつもりはない。だが、賛成される方々は、ここで紹介した原則を活かして相手をうまく説得し、成功例をぜひ知らせていただきたい。

〝説得学〟の歴史

行動科学の専門家は、何十年にもわたって熱心に実証研究を積み重ねてきた。その恩恵によって私たちは、説得の方法やメカニズムをかつてないほど広く、深く、そして詳しく理解できるようになった。とはいえ、説得の科学に挑んだのは、行動科学者が最初というわけではない。この分野は古代から研究され、素晴らしい成果を上げてきた。だが、多くの英雄が現れる一方で、説得に失敗して散っていった人々も少なくない。

この分野の権威にウィリアム・マグワイアがいる。彼はその著書*Handbook of Social Psychology,3rd* ed.（『社会心理学ハンドブック〈第三版〉』Oxford University Press, 1985）で、有史以来四〇〇〇年の間に、ヨーロッパでは何度か説得が盛んに研究された時期があるとしている。古い順に挙げると古代アテネのペリクレス時代（注：前四九〇年前後〜前四二九年）、ローマ共和国時代、ルネサンス時代、そして最近の一〇〇年——大々的な広告、プロパガンダ、マスメディアキャンペーンが繰り広げられた時代——である。ルネサンスまでの三つの時代は、体系的な取り組みによって大きな成果が生み出されたにもかかわらず、優れた説得力を持った英雄が殺されたことで、研究が突然途絶えてしまっている。哲学者ソクラテス（注：前四七〇あるいは四六九年〜前三九九年）に代表されるように、あまりに優れた説得術を身につけていたがゆえに不幸な末路をたどった人物たちもいる。

それぞれの時代の為政者たちは、効果的な説得のプロセスが人々に知れわたるのを脅威と見なしていた。自分たちのコントロールの及ばない、まったく新たな権力基盤が生まれるおそれがあったからである。こうした状況の下、過去の為政者たちはためらわずにライバルを抹殺しようとした。ライバルとはすなわち、巧みな弁舌、戦略的な情報活用、そして何より重要な心理的洞察といった力——権力者がけっして独占することのできない力——を使いこなせる人々である。

では、今日ではどうだろう。やはり、「高い説得術を持っていても、権力者から危害を受けることはない」と言い切ってしまうのは性善説に立ちすぎているだろう。ただし、説得術はもはや一握りの秀でた人々、インスピレーションを持った人々だけのものではないため、この道の専門家も少しは安心してよいと思われる。むしろ、権力の座にある人々はほぼ例外なくその地位に固執するために、〝敵〟を排除することよりも、みずから説得力を身につけることに力を入れるだろう。

『Harvard Business Review』（HBR）とは

ハーバード・ビジネス・スクールの教育理念に基づいて、1922年、同校の機関誌として創刊された世界最古のマネジメント誌。米国内では29万人のエグゼクティブに購読され、日本、ドイツ、イタリア、BRICs諸国、南米主要国など、世界60万人のビジネスリーダーやプロフェッショナルに愛読されている。

『DIAMONDハーバード・ビジネス・レビュー』（DHBR）とは

HBR誌の日本語版として、米国以外では世界で最も早く、1976年に創刊。「社会を変えようとする意志を持ったリーダーのための雑誌」として、毎号HBR論文と日本オリジナルの記事を組み合わせ、時宜に合ったテーマを特集として掲載。多くの経営者やコンサルタント、若手リーダー層から支持され、また企業の管理職研修や企業内大学、ビジネススクールの教材としても利用されている。

ハーバード・ビジネス・レビュー コミュニケーション論文ベスト10
コミュニケーションの教科書

2018年12月12日　第1刷発行

編　者――ハーバード・ビジネス・レビュー編集部
訳　者――DIAMONDハーバード・ビジネス・レビュー編集部
発行所――ダイヤモンド社
〒150-8409　東京都渋谷区神宮前6-12-17
http://www.diamond.co.jp/
電話／03·5778·7228（編集）　03·5778·7240（販売）
装丁デザイン―デザインワークショップJIN（遠藤陽一）
製作進行――ダイヤモンド・グラフィック社
印刷――――慶昌堂印刷
製本――――川島製本所
編集担当――大坪亮

ISBN 978-4-478-10693-8